京师传播文丛

北京师范大学新闻传播学院未成年人网络素养研究中心
中国互联网协会调解工作委员会
联合发布

京师传播文丛

互联网平台未成年人保护发展报告（2022）

方增泉　祁雪晶　元英　著

中国国际广播出版社

图书在版编目（CIP）数据

互联网平台未成年人保护发展报告.2022/方增泉，祁雪晶，元英著.—北京：中国国际广播出版社，2023.8

（京师传播文丛）

ISBN 978-7-5078-5385-8

Ⅰ.①互… Ⅱ.①方…②祁…③元… Ⅲ.①互联网络－应用－青少年保护－研究报告－中国－2022 Ⅳ.①D922.74

中国国家版本馆CIP数据核字（2023）第152560号

互联网平台未成年人保护发展报告（2022）

著　　者	方增泉　祁雪晶　元　英
责任编辑	笑学婧
校　　对	张　娜
版式设计	陈学兰
封面设计	赵冰波
出版发行	中国国际广播出版社有限公司［010-89508207（传真）］
社　　址	北京市丰台区榴乡路88号石榴中心2号楼1701
	邮编：100079
印　　刷	环球东方（北京）印务有限公司
开　　本	710×1000　1/16
字　　数	120千字
印　　张	8.5
版　　次	2023年9月 北京第一版
印　　次	2023年9月 第一次印刷
定　　价	49.00元

版权所有　盗版必究

京师传播文丛
编委会名单

编委会主任：

喻国明　方增泉　张洪忠

编委会成员（按姓氏拼音排序）：

丁汉青　李　韬　秦艳华　万安伦　吴　晔　周　敏

课题组成员：
　　方增泉　祁雪晶　元　英　秦　月　张　恒　周怡帆
　　韩林珊　王秋懿　王美力　张可欣　刘　海　黄　可
特聘咨询专家：
　　宋茂恩　常利民　扈纪华　林子英　王　斌　李中戈

总　序

把握数字革命基础上的传播变革是一项亟待破解的时代命题

喻国明

习近平总书记在主持中共中央政治局第十二次集体学习时强调:"全媒体不断发展,出现了全程媒体、全息媒体、全员媒体、全效媒体,信息无处不在、无所不及、无人不用,导致舆论生态、媒体格局、传播方式发生深刻变化。"智能化革命是一场划时代的跨越,是从工业文明向数字文明的深刻转型,正在带来传播领域的巨大变化。面对数字革命所带来的一系列现象级的改变,如何从总体性上把握技术驱动下社会传播领域的变化趋势、深层逻辑及演化机制,已成为实现传播实践有序发展和不断升级的必答题。

一、数字革命的全面渗透正在引发传播领域的一场革命

社会的智能化是一场革命,事实上,数字革命技术的全面渗透导致的关键变化是对传播网络所链接的全部关系的总体性重构。不同于对某些传播环节及某个传播要素所进行的"小修小补"的改良性技术,数字革命技术的全面渗透将创造一个无限量的巨大信息网络,并将从前无法纳入其中

的更加多维的关系连接纳入人的实践体系的可操控范围中，也即从传统的人与人之间的连接全面走向人与人、人与物、物与物之间的系统连接，创造智能终端之间的超级链接体系。

显然，当一系列新的关系要素实现了对于人类实践的"入场"，便会使社会传播成为一个"开放的复杂巨系统"，并在多重、多维的复杂因素的交织影响下实现"换道行驶"。媒介的迭代与技术的升维从某种意义上看就是持续地为传统社会中相对无权者"赋能""赋权"。数字技术改变了传媒行业因机械复制技术所形成的"一对多""点对面"式的信息垄断格局，瓦解了传统社会信息不对称的大众传播秩序。"人人都是传播者"极大地推动了丰富多彩、纵横交错的不同连接方式的交流与传播的实现，实现了更多的传播模式的涌现："物"成为新的公共信息"承载者"，社会热点的表达凸显出"后真相"、非理性等特点，关系认同、情感共振成为社会沟通与社会共识建立的关键，而平台级媒体及作为其运行内在引擎的智能算法则成为信息传播的关键性中介。

可见，未来的数字化治理必须超越仅着眼于传播领域中某个要素、某些环节的改变，而就事论事地制定某类传播主体发展路径或治理对策的传统视角的局限，应依据复杂性理论的范式、因循生态学理论、演化博弈理论以及社会网络学习理论等路径，针对我国传播领域的发展现状和未来趋势构建起一整套符合未来传播实践的传播生态治理的系统模型，从多元行为的关系连接与交互维度上去把握传播生态系统的发展演化过程，并基于此引导新时代社会信息传播系统实现健康有序和可持续的发展。

二、数字革命技术促成传播生态的全面重构

上述对于传播环境根本性变革的分析告诉我们，在数字革命技术的强大作用下，媒介产业的变革方向和媒介融合的发展路径已经成为现阶段传

播领域的重中之重。总的来看，迄今为止主流媒介的传播实践呈现出较为显著的"传播者中心"的立场。然而，新时代传播领域的基本现实是：在"个人"为社会运作基本单位的微粒化社会中，多层成分、多元主体已经成为构造传播场域的基本力量，受传者已经不再是我们所熟悉的"大众"，而是基于"圈层化"存在的一个个有血有肉、有个性、有情绪、有特定"趣缘"彼此支持下的人；"摆事实讲道理"式的大众传播逻辑在这里遇到了关系连接与圈层"茧房"的强大阻击，传播的触达、认知与认同机制发生了重大改变。媒介融合进程中如何实现新传播环境下的全程媒体、全息媒体、全员媒体、全效媒体的目标，达到主流资讯无处不在、无所不及、无人不用的境界，必须有一个生态级意义上的"羽化成蝶"的深刻改变。

首先，从传播内容的供给侧来考察，短视频和直播在人类历史上第一次把社会性传播的门槛降到如此之低，让每一位用户都可以发出自己的声音。而 5G 对于视频的加持则强化和扩大了这种"泛众化传播"的社会影响的宽度与深度。并且，数字革命时代的无人机普及，各种环境中摄像头、传感器无所不在，都进一步超越了传统媒体的时空局限与感官局限进行丰富多彩、立体多维的信息采集，而其中的某些具有社会价值的信息则可能经智能系统自动加工后直接发送给多元用户。概言之，数字技术带来的"泛众化"的传播供给侧，致使多元传播弥漫在人们的各类日常生活的场景中。

其次，就传播形式的丰富和扩张而言，数字革命时代的传播因其传播形式的"全息化"、多样态，信息传播已"渗透"社会生活的方方面面，成为无所不在、无时不有的影响力"在场"。而传播技术的应用会以用户场景为聚焦点而不断创新信息的组织形式、传播模式和内容形态。就传播载体"全程""全息""全员""全效"而言，随着以短视频为代表的视觉传播成为社会传播的主流形态，内容传播者因应当下移动化、碎片化和社交化的传播场景，以主题人物、热点事件和温情故事等为主要题材，通过碎片化的视觉表达和情感共振、关系认同的传播模式广泛应用,使得内容生产与传播形式转型为一系列直击人心的混合情感传播模式。

最后,智能化也使传播渠道发生了全新的变化。面对媒介生产和用户端的赋能赋权,极具多样性和复杂性的信息生态出现了供需危机,内容传播的精准化已成为"互联网发展的下半场"传播转型的重点。智能分发中的算法机制所要解决的终极问题是要把合适的内容传播给适切的用户。依托机器算法且拥有海量用户及强大黏性的平台遽然崛起成为平台型媒体,它承担起连接信息生产者和用户的开放、多元和普适的平台型中介的角色。而伴随着"生产者—平台媒体—用户"模式的确立,执掌信息选择权的重心正在从传统主流媒体过渡到平台型媒体。原本处在内容生产传播引领者位置的传统主流媒体正在逐渐弱势化和边缘化,成为影响力有限的专业的新闻和观点的供给者,而平台型媒体则逐渐跃升为新的行业操纵者和传播规则的制定者,实现了向传播权力中心的跃进。

三、数字革命推进面向未来的传播实践的革命性转向

传播技术的智能化发展为现实社会以及虚拟网络空间中的传播机制和传播效应带来了一系列新的挑战,也带来了元宇宙、区块链、物联网、移动互联、XR(扩展现实)、云计算、流媒体视频等技术的新发展,它们正在深刻地改写传播领域以及社会发展深层逻辑。这已经不是一项"弯道超车"的发展模式,而是一项"换道行驶"的全新发展模式。因此,关注智能化技术革命下传播领域内外的革命性改变,全面把握社会传播生态系统与权力格局的变迁态势,系统审视智能技术革命下网络社会空间治理模式和范式转型变革中亟待突破的关键问题和基本应对思路,应该成为新闻传播学实践转向的关键。传播实践已经站在全新的拐点上,面对"换道行驶"

的全新未来。它包括且不限于：

——全社会的"媒介化"。媒介化理论视角认为，媒介可以与其他社会范畴相互建构，作用于人类社会形态的媒介形式，其意义远胜于其内容。这一理论视角强调了媒介逻辑对社会的建构作用，也强调了媒介与社会的相互形塑。人作为居间主体，其实践具有能动性，因此，可以通过宏观和中观型态与实践的分析对媒介化进行解构，探究行动场域中不同社会角色之间社会交往和关系的变动模式，包括个人与组织、个人与媒介、社会与媒介关系的变革，从实践视角分析和把握媒介化能够为我们搭建经验材料分析的实践基础，更好地帮助我们把握媒介化进程中的微观、中观、宏观层级变化。

——"型态"与社会实践的结合。"型态"是指智能新媒介技术催生出的新的社会行动方式和组织起的新的社会交往关系，包括个人与组织、个人与媒介、社会与媒介关系的变革，它将全面助力智能新媒介逻辑对社会实践的形塑。未来的传播实践必须超越传统的媒介实践范式，将媒介与个体借由行动空间串联起来，将社会学相关概念融入媒介化实践的决策视野。以"型态"与社会实践的视角展开探索与创新，以"点—线—面"的实践试点为依据，运用更为贴合的理论工具，以期在未来传播中对媒介化理论与实践及其社会效果的把握有全新的突破。

——媒介与社会变迁的"互构"。在过往的传播实践中，媒介或是被置于社会发展的关键节点——媒介以其自身的"偏向"解构社会形态，或是被理解为承担既定社会功能的一种"工具形式"，这种将"媒介"与"社会"相分离的实践模式忽略了媒介的作用过程，变成单纯强调媒介与社会之间的决定/非决定关联的实践范式。我们认为，借鉴 SCOT（技术的社会建构）路径，同时对媒介演进基本逻辑与实现机制做出探索，不仅考虑科技物体本身，而且考虑科技物体的发展过程，摒弃科技决定论，也反省社会决定论，同时观照媒介对社会的影响及社会对媒介的作用，思考媒介与社会之间的相互形塑（mutual shaping）、相互生产（coproduction）的"互构"关系及其实践。

——媒介影响社会结构的"制度化"。"制度化"的行动路线，即将媒介的形式视为一种独立的制度化力量，强调并致力于实现媒介作为社会现实框架的组成要件。制度视角致力于把握特定情形下社会结构如何扮演社会交往的资源，以及社会结构如何通过能动性得以再生产和变化，这也是所谓媒介逻辑的作用规则。媒介逻辑被用来描述媒介所具有的制度的、审美的、技术的独特样式及特质，以及借助正式和非正式规则运作的方式，从而提升媒介有效地影响更为广泛的文化和社会的能力。

正是在这一时代命题之下，作为有"学新媒体到新街口"之美誉的北京师范大学新闻传播学院与中国国际广播出版社签署了"京师传播文丛"（共12本）的出版计划，为回答新时代、新传播的发展命题奉献我们北师新传学人的心力与智慧。首批出版的4本书是：《情绪：网络空间研究的新向度》《重构传播学：传播研究的新范式、新方法》《互联网平台未成年人保护发展报告（2022）》《医患共同体：数字健康传播的图景想象》。相信第二批、第三批著作将更为精彩，让我们翘首以待。

（喻国明，北京师范大学新闻传播学院教授、博士生导师，北京师范大学"传播创新与未来媒体实验平台"主任，中国新闻史学会传媒经济与管理专业委员会理事长）

2022年8月

目 录
CONTENTS

互联网平台未成年人保护发展报告（2022）	001
一、研究背景	003
二、研究方法和技术路线	004
三、研究结果	008
四、加强互联网平台未成年人保护的政策建议	040
附 录	045
附录1 网络游戏平台未成年人保护现状、问题及对策建议	047
附录2 热直播下的冷思考：互联网直播平台未成年人保护现状、问题及对策建议（2021）	060
附录3 挑战与共生：社交平台未成年人保护现状、问题及对策建议（2021）	075
附录4 在线医疗健康平台未成年人保护现状、问题及对策建议（2021）	092
附录5 音视频平台未成年人保护现状、问题及对策建议（2021）	101
后 记	120

互联网平台未成年人保护发展报告（2022）

未成年人保护工作关系国家未来和民族振兴。党中央始终高度重视未成年人保护工作，关心未成年人成长。习近平总书记多次指出，少年儿童是祖国的未来，是中华民族的希望，强调培养好少年儿童是一项战略任务，事关长远。[①] 做好未成年人保护工作，意义重大而深远。互联网平台落实未成年人保护工作既是法定职责，也是一项重要的社会责任。

一、研究背景

随着科技的发展和普及，使用网络的人群渐多，未成年人已成为网络新兴力量中重要的一极。2022年11月，共青团中央维护青少年权益部、中国互联网络信息中心（CNNIC）发布的《2021年全国未成年人互联网使用情况研究报告》显示，2021年我国未成年网民规模达到1.91亿，未成年人的互联网普及率为96.8%，高于全国互联网普及率。2023年3月，中国互联网络信息中心发布的第51次《中国互联网络发展状况统计报告》显示，截至2022年12月，我国网民规模达10.67亿，其中，我国城镇未成年人互联网普及率达到75.6%，10岁以下、10—19岁的网民占比分别为4.4%和14.3%，其中移动智能终端是其主要上网设备。

然而，未成年人的认知和行为仍处于发展阶段，缺乏辨别复杂信息的能力，在接触和使用媒介时面临着注意力缺失、信息焦虑、数字压力、网络成瘾、隐私安全等诸多风险，青少年网络成瘾、网络诈骗受害、网络暴力、网络犯罪、网络失范等问题日益凸显，给未成年人的成长带来了严重的负面影响。

当前互联网平台还存在一些突出问题，目前，互联网管理存在未成年人网络安全问题、暴力等有害未成年人成长的信息问题、未成年人及其监

---

① 中国少年先锋队全国工作委员会. 让红色基因代代相传［EB/OL］.（2020-09-01）［2023-05-08］. http://www.qstheory.cn/dukan/qs/2020-09/01/c_1126430126.htm.

护人的财产权益保护问题、分级制度不完善致使无法合理满足未成年人信息需求的问题、未成年人保护科学普及等宣传效力不足问题等诸多问题。这些问题亟待在未成年人保护和发展工作中解决。

国家先后制定了未成年人保护的系列政策文件，为儿童生存、发展、受保护和参与等权利的实现提供了重要保障。2019年8月，《儿童个人信息网络保护规定》公布，自10月1日起正式施行，明确任何组织和个人不得制作、发布、传播侵害儿童个人信息安全的信息，网络运营者应当设置专门的儿童个人信息保护规则和用户协议，并指定专人负责儿童个人信息保护。2020年10月，《中华人民共和国未成年人保护法》被重新修订，特别添加了"网络保护"的专章。2021年8月，国家新闻出版署下发《关于进一步严格管理 切实防止未成年人沉迷网络游戏的通知》，针对未成年人过度使用甚至沉迷网络游戏问题，进一步严格管理措施。9月，国务院印发《中国儿童发展纲要（2021—2030年）》，要求加强未成年人网络保护，落实政府、企业、学校、家庭、社会保护责任，为儿童提供安全、健康的网络环境，保障儿童在网络空间中的合法权益。2022年3月，国家互联网信息办公室发布关于《未成年人网络保护条例（征求意见稿）》，从网络素养培育、网络信息内容规范、个人信息保护、网络沉迷防治等方面作出合规要求。

本报告通过对四个类型共81个互联网平台的用户协议、隐私条款进行文本分析，试图全面探究我国目前互联网平台在未成年人保护方面存在的问题。

问题一：互联网平台是否全面落实未成年人保护的法规和政策要求？

问题二：不同类型的互联网平台在落实未成年人保护方面是否存在差异？

问题三：四类平台新闻报道的正负面舆情如何？

二、研究方法和技术路线

报告主要采用文本分析法，依据四类互联网平台的相关排行榜及安卓应用商店中 App 下载量排行榜等因素，综合选取四类 81 个互联网平台（其中：游戏平台 20 个，直播平台 21 个，社交平台 20 个，音视频平台 20 个）为样本，采集其用户协议、隐私条款等文本内容，以《中华人民共和国未成年人保护法》《未成年人网络保护条例（征求意见稿）》《中华人民共和国网络安全法》《中华人民共和国数据安全法》《儿童个人信息网络保护规定》《信息安全技术　个人信息安全规范》《未成年人节目管理规定》《网络信息内容生态治理规定》《常见类型移动互联网应用程序必要个人信息范围规定》《关于进一步严格管理　切实防止未成年人沉迷网络游戏的通知》《关于加强网络秀场直播和电商直播管理的通知》等 10 多项法规政策为框架，综合信息提示、技术保护、防沉迷（综合）管理、应急投诉和举报机制、隐私和个人信息保护制度、科学普及和宣传教育等六个维度共 19 个指标（见表 1-1），利用专家法确定每个维度和指标的分值，其中，提供青少年模式或者未成年人专区指标占 10 分，其余指标各占 5 分，总计 100 分。通过量化指标分析现有互联网平台未成年人网络保护的现状、特征与不足，并提出改进建议。

表 1-1　互联网平台未成年人网络保护指标体系

维度	指标	具体内容	分值
信息提示（20 分）	内容提示	包含可能影响未成年人身心健康的网络色情、暴力等内容，应当以显著方式作出提示	5
	私密信息提示	未成年人通过网络发布私密信息的，应当及时提示，并采取必要的保护措施	5
	适龄提示	网络游戏服务提供者应当按照国家有关规定和标准，对游戏产品进行分类，作出适龄提示，并采取技术措施，不得让未成年人接触不适宜的游戏或者游戏功能	5
	风险提示	对网络中可能存在的诈骗、欺凌、暴力、色情等不法行为进行提示	5

续表

维度	指标	具体内容	分值
技术保护（20分）	不良信息过滤	网络服务提供者发现用户发布、传播含有危害未成年人身心健康内容信息的，应当立即停止传输相关信息，采取删除、屏蔽、断开链接等处置措施	5
	防止游戏链接或广告推送	网络服务提供者要求不得插入网络游戏链接，不得推送广告等无关的信息	5
	网络安全等级保护	网络服务提供者应当按照网络安全等级保护制度要求，履行安全保护义务，保障网络免受干扰、破坏或未经授权的访问，防止网络数据泄露或被窃取、篡改	5
	数据风险监测评估	网络服务提供者应当加强风险监测，定期开展风险评估，并向有关部门报送风险评估报告	5
防沉迷（综合）管理（25分）	时间管理	网络游戏企业仅可在周五、周六、周日和法定节假日每日20时至21时向未成年人提供1小时网络游戏服务，其他时间均不得以任何形式向未成年人提供网络游戏服务	5
	权限管理	根据系统设置的安全规则或者安全策略，用户可以访问而且只能访问自己被授权的资源	5
	消费管理	不得向未成年人提供与其民事行为能力不符的网络付费服务	5
	提供青少年模式或者未成年人专区	提供青少年模式或者未成年人专区等，便利未成年人获取有益身心健康的平台内产品或者服务	10
应急投诉和举报机制（10分）	投诉和举报渠道	公开投诉、举报方式等信息，及时受理并处理涉及未成年人的投诉、举报	5
	应急预案和机制	制定网络安全事件应急预案，及时处置系统漏洞、计算机病毒、网络攻击等安全风险；在发生危害网络安全的事件时，立即启动应急预案，采取相应补救措施	5

续表

维度	指标	具体内容	分值
隐私和个人信息保护制度（15分）	保护未成年人隐私权和个人信息	个人信息收集使用规则、如何保护个人信息、个人权利、如何处理儿童的个人信息、个人信息如何在全球范围转移、本条款如何更新、如何联系；不得泄露家长和学生个人信息	5
	真实身份信息注册，征得监护人同意	要求未成年人以真实身份信息注册并登录网络，收集和处理年满14周岁的未成年人的个人信息前，应征得未成年人或其监护人的明示同意	5
	加强保护敏感信息	明确不满14周岁未成年人的个人信息为个人敏感信息，除了获取父母或者其他监护人的同意外，还要求个人信息处理者对此制定专门的个人信息处理规则以加强保护	5
科学普及和宣传教育（10分）	未成年人保护相关活动及开放日	设立未成年人开放日，为未成年人主题教育、社会实践、职业体验等提供支持	5
	科学普及宣传	鼓励科研机构和科技类社会组织对未成年人开展科学普及活动	5

本报告对81个互联网平台的用户协议、隐私条款等进行文本分析，并对照指标体系逐项进行调研验证。指标评价信息需满足以下基本原则：第一，可靠性，即信息来源真实可信；第二，实质性，即信息能准确反映互联网平台在所有指标下的表现；第三，时效性，即信息符合当前研究的时间范围。

本报告还通过在线搜索81个互联网平台在2021年6月1日至2022年5月1日期间的相关新闻报道，进行量化分析。通过搜索"平台名称＋未成年人"，获取互联网平台未成年人保护的相关新闻，剔除重复新闻后，对正面新闻赋1分，负面新闻赋－1分，无关新闻赋0分。除去无关新闻后，测算出每类平台的正面报道总分和负面报道总分，以探讨新闻报道与未成年人保护政策的相互关系。通过分析发现，新闻报道量化统计得分较为客观地反映出不同类型平台在未成年人网络保护中的现状与发展趋势。

三、研究结果

（一）四类平台未成年人保护的平均得分差异大，平台之间及内部六个维度的不均衡特点较为突出

1. 四类平台总平均得分

游戏平台、直播平台、社交平台、音视频平台四类共81个互联网平台的总平均得分为63.98分，说明互联网平台未成年人保护工作基本合格，但仍有较大提升空间。

2. 四类平台未成年人保护总体得分

从四类平台的总体得分（见图1）来看，游戏平台的未成年人保护得分最高，其次是直播平台，超过平均值63.98分，社交平台和音视频平台得分相对较低。音视频平台与游戏平台相差近20分，差异较大。

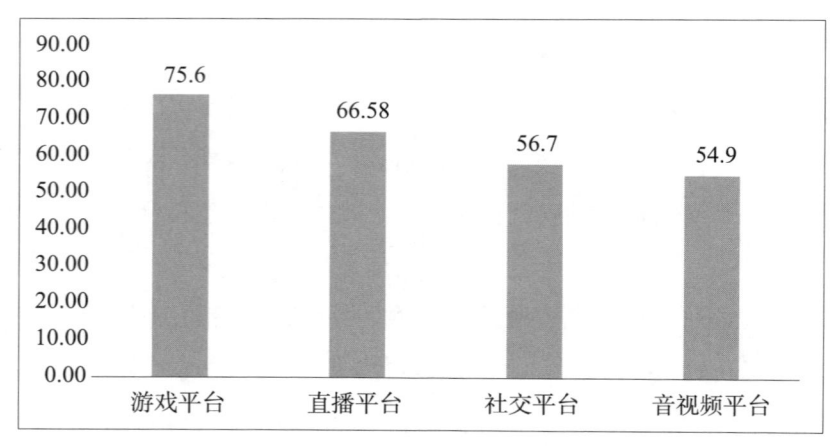

图1 四类平台未成年人保护总体得分

- 游戏平台：75.6
- 直播平台：66.58
- 社交平台：56.7
- 音视频平台：54.9

3. 四类平台在各维度得分

（1）信息提示：游戏平台得分最高，音视频平台亟待加强

在信息提示方面（见图2），游戏平台得分最高，其次是直播平台、社

交平台和音视频平台，音视频平台得分只有 2.5 分，亟待改进。

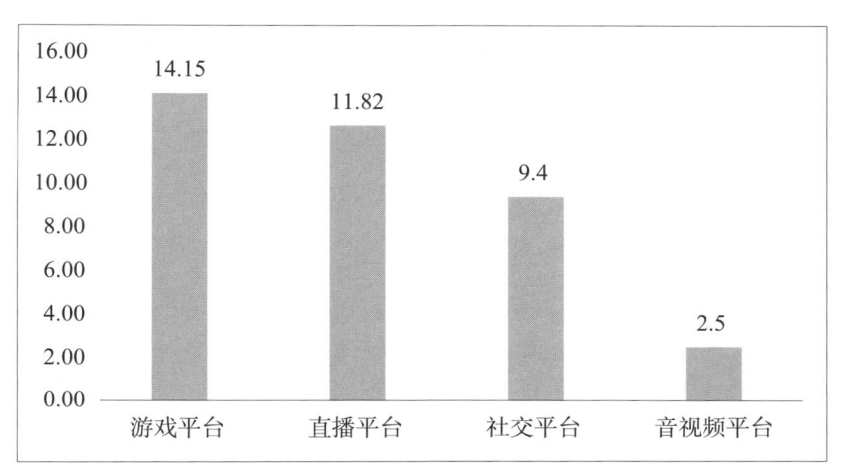

图 2 四类平台在信息提示维度的得分

（2）技术保护：除音视频平台，其他三类平台得分均过半，总体表现较好

在技术保护方面（见图 3），游戏平台得分最高，其次是直播平台和社交平台，三类平台得分均过半，音视频平台得分最低，亟待完善。

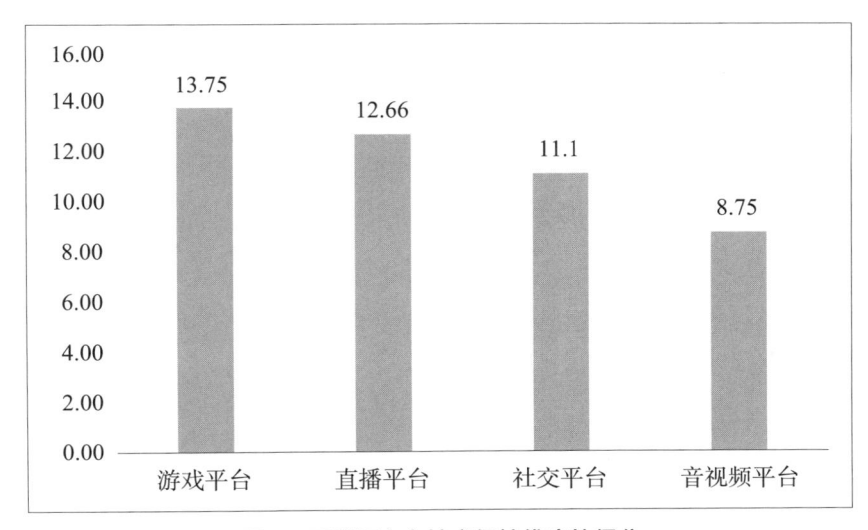

图 3 四类平台在技术保护维度的得分

（3）防沉迷（综合）管理：除社交平台，其他三类平台得分均过半，总体表现较好

在防沉迷（综合）管理方面（见图4），游戏平台、直播平台和音视频平台得分近20分，总体表现较好，社交平台得分较低，亟待提升。

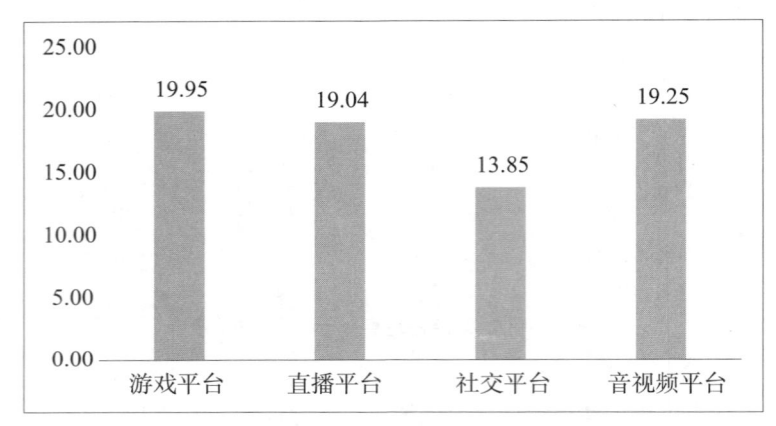

图4 四类平台在防沉迷（综合）管理维度的得分

- 游戏平台：19.95
- 直播平台：19.04
- 社交平台：13.85
- 音视频平台：19.25

（4）应急投诉和举报机制：四类平台得分相对比较均衡，整体较好

在应急投诉和举报机制管理方面（见图5），四类平台均高度重视，音视频平台得分最高，其他三类平台在8分左右，相对比较平均，总体表现较好。

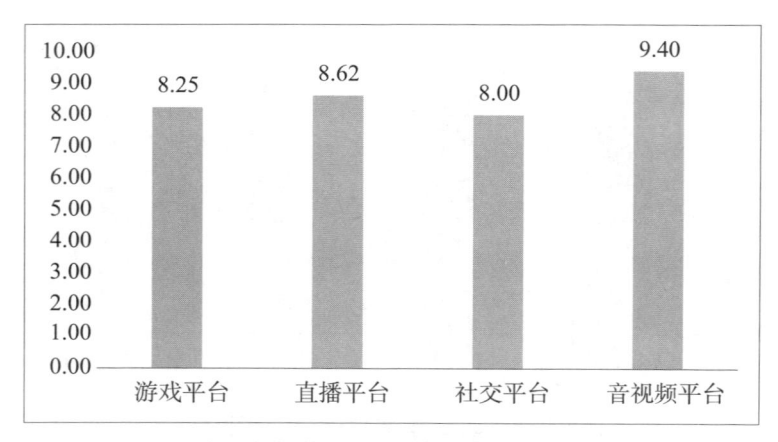

图5 四类平台在应急投诉和举报机制管理维度的得分

- 游戏平台：8.25
- 直播平台：8.62
- 社交平台：8.00
- 音视频平台：9.40

（5）隐私和个人信息保护制度：四类平台得分均过半，相对比较均衡

在隐私和个人信息保护制度方面（见图6），四类平台均高度重视，音视频平台得分最高，其他三类平台在9—13分，相对比较平均。

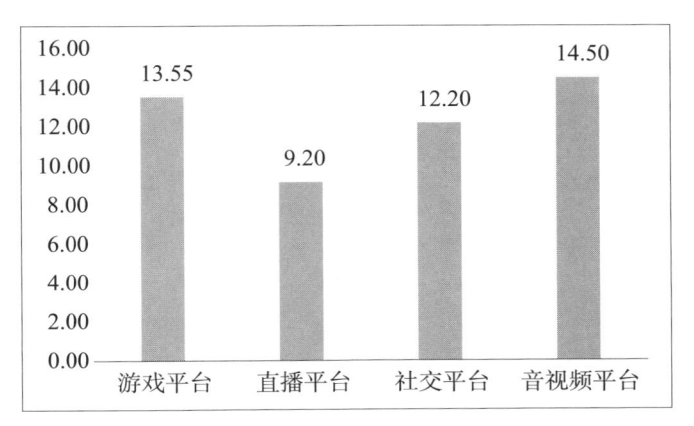

图6　四类平台在隐私和个人信息保护制度维度的得分

（6）科学普及和宣传教育：游戏平台、直播平台得分过半，音视频平台得分最低

在科学普及和宣传教育方面（见图7），游戏平台虽得分最高，但仅为5.95分；得分最低的是音视频平台，为0.5分。目前，该维度总体得分较低，还未引起各类平台的高度重视，改进和提升的空间很大。

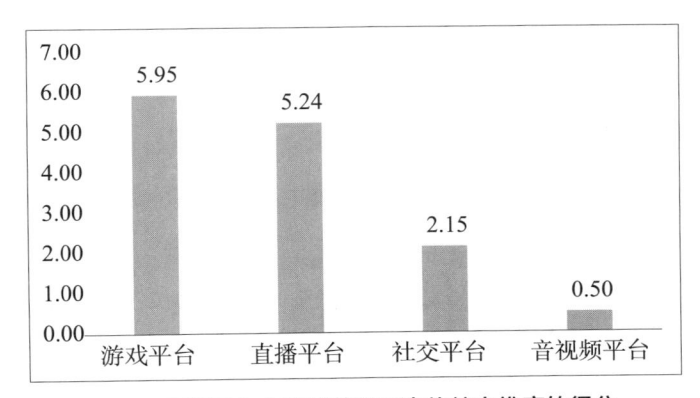

图7　四类平台在科学普及和宣传教育维度的得分

（二）四类平台新闻报道的正负面舆情分析结果

从新闻报道的关注度来看，游戏平台的报道量最高，其次是直播平台和社交平台，音视频平台的报道量相对较少。游戏平台的正面报道量明显高于负面报道量，社交平台的负面报道量明显高于正面报道量，直播平台和音视频平台没有较明显的舆论倾向（见图8）。

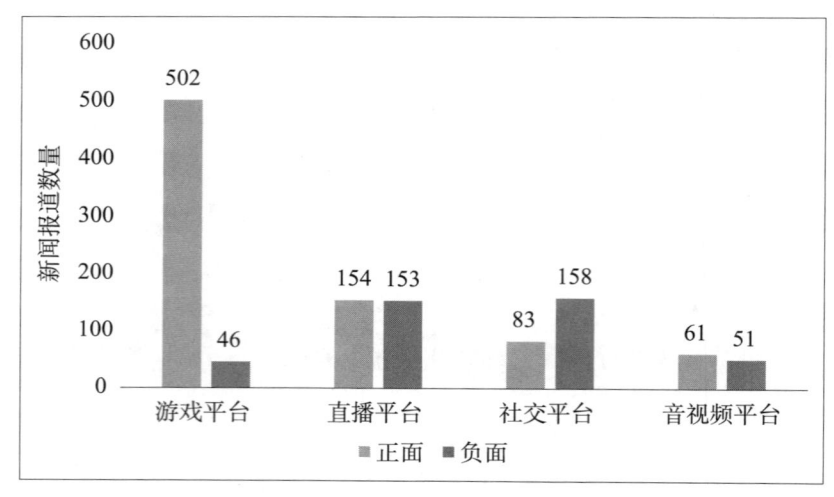

图8 四类平台的正负面新闻报道对比图

1. 游戏平台的正面新闻多指向"防沉迷（综合）管理"，负面新闻指向"防沉迷（综合）管理"和"技术保护"

20个游戏平台六维度总分为459分，平均得分为22.95分；涉及不同维度的正面新闻共502条，负面新闻共46条。纵向对比各平台可以发现，有17家网络游戏平台的文本内容有明显的正负面倾向；而其他不带有倾向性的平台，其数据大多与未成年人保护无关，或者文本信息呈中立。在17家带有倾向性的平台中，网易游戏、腾讯游戏、三七互娱和完美世界表现优异，均分都高于60分，数据信息总体呈正向。从横向各维度比较来看，"防沉迷（综合）管理"维度的数据最多，数据量为502条；其次是"技术保护"维度，数据量为31条。虽然各游戏平台在"防沉迷（综合）管理"方面实施了不少措施，但仍存在一些问题，比如：未成年人大额充值，超过规定的数额；在"技术保护"层面也存在漏洞，实名认证环节实施不到位。可以看出，在互联网平台未成年人保护方面，这两个维度最受社会关注，也是平台努力的方向。

2. 直播平台正面新闻集中在"时间管理"和"科学普及宣传"，负面新闻集中在"不良信息"与"消费管理"

21个直播平台六维度总分为1分，平均得分为0.05分；涉及不同维度的正面新闻共154条，负面新闻共153条。通过数据分析得出，直播平台在未成年人网络保护中表现参差不齐。一方面是由于这些平台自身的保护机制不完善，许多针对未成年人的年龄限制和保护措施形同虚设。另一方面，媒体集中放大了直播行业的乱象，负面报道较多，较少关注直播平台在未成年人保护方面作出的努力和尝试。例如，新闻媒体集中于报道未成年人利用家长的账号在直播平台对主播进行打赏的乱象，而较少关注平台出台的未成年人打赏退款机制。分维度来看，信息提示、技术保护、防沉迷（综合）管理、应急投诉和举报机制、隐私和个人信息保护制度、科学普及和宣传教育等六个维度总体得分分别为2分、–19分、4分、–1分、–7分、11分。其中，"技术保护"维度分数较低的有淘宝、快手、斗鱼直播，主要原因是存在低俗色情等不良信息内容。在"防沉迷（综合）管理"维度，虽然抖音、快手、斗鱼等平台已经设置了青少年防沉迷机制，限制未成年人的观看时间，并起到一定的作用，但也有部分质疑青少年模式形同虚设的声音。新闻报道指出，目前的青少年模式虽然设置了权限管理和时间限制的功能，但是卸载或退出账号后重新登录即可轻松解锁青少年模式，网络上也存在着如何解开青少年模式的经验教学。"应急投诉和举报机制"维度所涉及的新闻量极少，主要集中在各个平台出台相关政策对《中华人民共和国未成年人保护法》进行响应。"隐私和个人信息保护制度"维度，主要存在人民群众反映 NOW 直播 App 非法获取、超范围收集、过度索权等侵害未成年人个人信息的现象。在"科学普及和宣传教育"维度，部分平台已经有所行动，抖音是唯一一个开展了未成年人保护开放日活动的直播平台；快手也在六一儿童节期间开展了"护苗在行动"等活动，累计8条正面报道；斗鱼也在半年内完成87个公益项目，探索"直播+公益"的新模式。

从直播平台与未成年人相关的新闻来看，音视频类直播平台中的西瓜直播、酷狗直播和社交类直播平台的花椒直播，涉及未成年人的新闻内容很少；而一些带货类直播和游戏类直播平台则有较多涉及未成年人群体的新闻内容，大部分负面新闻集中在"消费管理"与"信息提示"上，重灾区是"不良信息"。涉及"不良信息"的负面新闻主要是有关平台直播的"低俗色情信息"。从"信息提示"可以看出，绝大部分平台缺少与未成年人相关的信息提示及风险提示，缺少内容分级，未进行具体、有效的过滤与筛查，导致未成年人极易受到负面信息的影响。除了未成年人在直播平台进行打赏消费，平台在未审核身份的情况下还向未成年人出售电子烟和游戏账号，可见直播平台没有将未成年人的消费管理落到实处。

3. 社交平台在"防沉迷（综合）管理"维度表现较好；"技术保护"维度表现尤为欠佳，在"信息提示"和"隐私和个人信息保护制度"维度表现也较差

20个社交平台六维度总分为 –80 分，平均得分为 –4.00 分；涉及不同维度的正面新闻共83条，负面新闻共158条。信息提示、技术保护、防沉迷（综合）管理、应急投诉和举报机制、隐私和个人信息保护制度、科学普及和宣传教育等六个维度总体得分分别为 –8 分、–75 分、3 分、–2 分、–5 分、6 分。可以看出，"信息提示""技术保护""隐私和个人信息保护制度"维度得分较低，均为负分；"防沉迷（综合）管理"和"科学普及和宣传教育"维度表现相对较好。分维度来看，"信息提示"维度分数较低的主要原因是小红书未对未成年人发布的隐私信息作出风险提示。"技术保护"维度的负面新闻主要来源于不良信息的传播，如微博和QQ等均存在传播儿童软色情表情包及小红书利用未成年人性暗示短视频引流的问题等；但同时"技术保护"维度也有不少正面新闻，各平台积极响应国家政策，从技术层面解决未成年人沉迷社交平台。"防沉迷（综合）管理"维度，以微信、QQ为主的主流社交平台纷纷响应新版《中华人民共和国未成年人保护法》，从时间、权限等层面防止未成年人沉迷。"隐私和个人信息保护制度"维度涉及的新闻量虽然不多，但多为负面报道，涉及小红书因未成年人信息审核漏放问题被行政处罚30万元。在科学普及和宣传教育方面，腾讯QQ、微信，以及陌陌等，均开设科普教育类直播课。因此，社交平台需要进一步加强保护机制建设与技术防护，从而在未成年人网络保护中发挥更加积极的作用。

4. 音视频平台在"技术保护"维度评分较低，在"防沉迷（综合）管理"维度表现较为出色

20个音视频平台六维度总分为10分，平均得分为0.50分；涉及不同维度的正面新闻共61条，主要指向"防沉迷（综合）管理"；负面新闻共51条，主要指向"不良信息过滤"。音视频平台在"应急投诉和举报机制"方面的新闻报道较少。从具体平台来看，除了搜狐视频、配音秀和多多视频（原人人视频）没有相关报道外，酷我音乐、芒果TV、咪咕视频、QQ音乐、哔哩哔哩、秒拍等平台综合得分均为负分，酷狗音乐和西瓜视频得分为0分。喜马拉雅得分为12分，表现最突出，较为重视"技术保护"和"防沉迷（综合）管理"，也在"科学普及和宣传教育"有所行动；爱奇艺在"消费管理"方面整治"饭圈"，禁止未成年人打榜、无底线追星。但酷我音乐在"消费管理"方面表现欠佳，App内设购物商城，未成年人可任意购物消费；芒果TV存在不良信息和购物广告等，"技术保护"方面有待提高。

（三）四类互联网平台的具体分析

1. 网络游戏平台未成年人保护政策落地工作有效推进，科学普及等工作亟待加强

网络游戏平台六个维度相对得分的雷达图如下（见图9，以每一个维度的总分值为1，得分值除以总分值，即为该维度的得分比例值）。

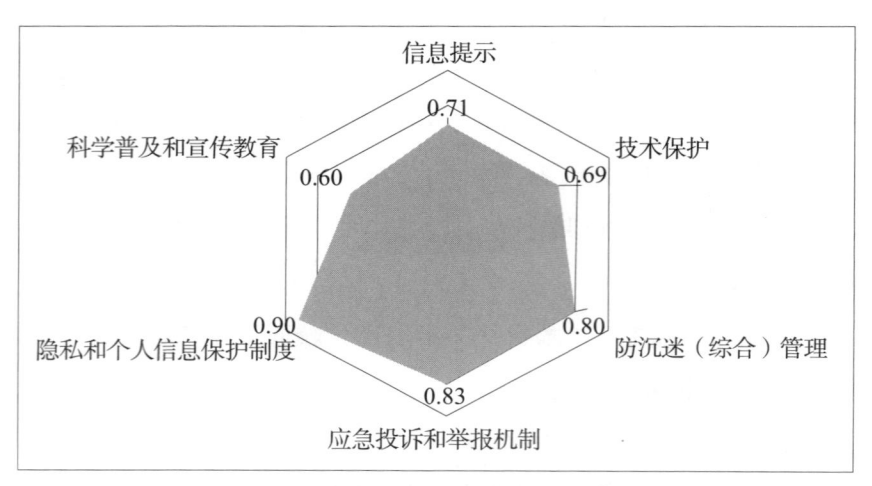

图9 网络游戏平台六个维度相对得分的雷达图

20个网络游戏平台总均分为75.6分。各维度得分分别为：信息提示得分为14.15分，技术保护得分为13.75分，防沉迷（综合）管理得分为19.95分，应急投诉和举报机制得分为8.25分，隐私和个人信息保护制度得分为13.55分，科学普及和宣传教育得分为5.95分。各维度的得分均高于该维度的中间平均分值。

（1）信息提示总体表现较好，但得分较往年有所下降

"信息提示"总维度满分为20分，所选取的游戏平台在该维度下的得分为14.15分，得分情况良好，但相较于2021年的15.1分，2022年"信息提示"总维度得分有所下降，其原因可能与榜单上的游戏公司变化有关，

导致该维度得分有所浮动。

20个游戏平台在"信息提示"维度下的四个子维度上得分情况分别为3.15分、3.55分、4.15分、3.3分。其中，在"内容提示"和"风险提示"两项指标上，大多数游戏平台仅仅是在游戏政策协议中有所提及和规定，以用户行为规定的方式，对暴力、色情等影响未成年人身心健康的内容进行限制和提醒，并未提及在游戏中是否有相关提示的内容出现。且有关"私密信息提示"的内容，也同这两项的表述方式一样，在用户协议中仅仅进行了提及，更多关于私密信息的内容都是指向隐私政策方面，如对个人信息搜集、保护、使用等方面。

而在"信息提示"中，各游戏平台在"适龄提示"方面的表现较为突出，在对各平台进行分析和数据搜集时，明显可以看到绝大多数游戏平台都会对旗下游戏产品进行适龄分类，并在显眼的位置标出年龄限制图标，但深入分析发现，各平台并未采取有效的技术措施，以防止未成年人接触不适宜的游戏或者游戏功能。

（2）技术保护表现一般，对于广告和游戏链接的屏蔽过滤能力有待加强

所选取的游戏平台在该维度下的得分为13.75分，得分情况一般，该维度下有四个细分子维度，分别是"不良信息过滤""防止游戏链接或广告推送""网络安全等级保护""数据风险监测评估"。

其中"不良信息过滤"与"网络安全等级保护"的得分相同，且在该维度下得分最高，都为3.6分，"不良信息过滤"是指当发现用户发布、传播含有危害未成年人身心健康内容信息时，会立即停止传输相关信息，采取删除等处置措施，在多数游戏中都会含有敏感词的过滤系统，且对发出相应言论的玩家进行禁言、封号等处罚措施，如腾讯游戏平台在用户协议中表明，对"在腾讯游戏中使用、上传违法或不当词语、字符及其他内容的行为，包括用于角色命名"的行为会采取警告、禁言、永久性封禁等处罚。

多数游戏平台并未列出"网络安全等级保护"的内容，仅仅标注了对于信息保护的措施，但也有少数平台设计相关内容，如米哈游游戏平台在隐私政策中提到会通过建立数据分级制度、数据安全管理规范等方式来进行信息保护，多数平台都有提到"互联网环境并非百分百安全"等字眼来进行免责声明和用户告知。

"防止游戏链接或广告推送"在该维度下得分最低，仅有3.2分。中共中央网络安全和信息化委员会办公室、教育部在2020年11月27日发布《关于进一步加强涉未成年人网课平台规范管理的通知》，将弹窗、边栏、悬浮框、信息流加载等广告环节纳入重点管理范畴，但游戏作为娱乐产业，在广告和链接推送的规定上并未做出很大强度的规范，只是在用户协议中绝大多数平台都有提到广告服务内容，并进行免责声明，如心动游戏在用户协议中指出"第三方在平台中投放的广告、链接或者其他形式的推广内容，均是由其自行提供的，用户应当自行判断其真实性，平台对其推广内容不作任何明示或者默示的担保"。

游戏平台在"数据风险监测评估"方面的得分为3.35分，在文件和政策的搜索中，该项内容并未被提及，大多数游戏平台没有相应的举措，也无定期开展风险评估并向有关部门报送风险评估报告的行为。

（3）防沉迷（综合）系统管理水平理想，权限管理能力相对薄弱

所选取的游戏平台在该维度下的得分为19.95分。2021年8月30日，国家新闻出版署印发《关于进一步严格管理 切实防止未成年人沉迷网络游戏的通知》，对于平台提供未成年人的网络游戏服务进行了严格的限制，规定所有平台仅可在周五、周六、周日和法定节假日每日20时至21时向未成年人提供1小时服务，其他时间均不得以任何形式向未成年人提供网络游戏服务，"时间管理"的评分标准与此相对应，得分为4.25分，大多数游戏平台都在文件协议中提到有关内容，而较少的平台并未对此言明。

"权限管理"是该维度下得分最低的，仅有3.55分。"权限管理"是指

根据系统设置的安全规则或者安全策略，用户可以访问而且只能访问自己被授权的资源，而在隐私政策和用户协议中，多数平台公司并未明确地提出，在文件中提出的权限是指游戏系统对于用户的上网设备进行麦克风、地理位置等权限的获取。

"消费管理"得分为 4.2 分，在限制未成年人消费方面，游戏平台的表现良好，多数平台对于未成年人的消费行为进行了详细的规定，多数平台都建立了家长监护平台、成长守护平台，家长可以实时了解孩子的上网时长、游戏消费等情况，并且当未成年人消费情况出现状况时，家长可以提供相关证明进行消费金额的返还，如腾讯游戏的"腾讯成长守护"平台、由完美时空、腾讯、盛大游戏、网易、搜狐畅游、巨人网络等六家网络游戏企业共同发起并参与实施的"未成年人家长监护工程"等。

"提供青少年模式或者未成年人专区"得分为 7.95 分，在对 20 家游戏公司进行数据分析的过程发现，关于青少年模式和未成年专区的设定，多是根据国家对于未成年人规定的上网时长和消费等级进行划分，当达到一定的程度会采取限制措施，而关于网络游戏内容的分级设定则较为少见，多以适龄等级进行提示划分。

（4）投诉和举报机制相对完善，应急预案和机制亟待加强

所选取的游戏平台在该维度下的得分为 8.25 分，得分情况良好，但较 2021 年的 8.7 分略有下滑。在下设的"投诉和举报渠道"和"应急预案和机制"两个子维度上，"投诉和举报渠道"得分为 4.45 分，各游戏平台大多设立了专门的数据保护团队和负责人，并将电话、邮箱等联系方式置于平台官网以及隐私政策中，如果未成年人及监护人对未成年人保护相关事宜有任何疑问或投诉、建议，可以通过所公开的联系方式进行联系，但存在部分游戏平台未及时更新隐私政策、其联系方式不知是否仍然有效等情况。此外，部分游戏平台设立了具体的未成年人保护平台，并专门设立了未成年人成长守护热线，为未成年人及监护人提供了更明确的指引，如腾

讯游戏的"腾讯成长守护"平台中设立了用户反馈群组和官方客服热线，米哈游的成长关爱平台中标明了官方服务电话。

"应急预案和机制"得分为 3.8 分，得分情况一般。各游戏平台有部分在隐私政策和用户协议中写到了网络安全事件的应对和处理办法，但较多游戏平台仅用只言片语略过，并没有提出具体的、可执行力较强的解决措施。此维度上表现较好的哔哩哔哩游戏，"成立了专门的信息安全部门并制定了安全管理制度以及妥善的安全事故预警机制和应急预案，设立哔哩哔哩安全应急响应中心"；凉屋游戏"为安全事件建立了专门的应急响应团队，按照安全事件处置规范要求，针对不同安全事件启动安全预案，进行止损、分析、定位、制定补救措施、联合相关部门进行溯源和打击"。

（5）隐私和个人信息保护制度比较完备，但敏感信息保护不足

所选取的游戏平台在该维度下的得分为 13.55 分，得分情况较 2021 年的 11.6 分有所提升。

"保护未成年人隐私权和个人信息"得分为 4.9 分，分数较高，原因在于几乎所有游戏平台都设置有专门的隐私政策介绍对于个人信息的保护。其中，大部分游戏平台设置了单独的"儿童隐私保护指引"帮助未成年人和监护人进一步了解收集、使用、存储和共享未成年人个人信息的情况，以及未成年人和监护人所享有的相关权利，体现出对于未成年人信息保护的重视程度，但是也有部分游戏平台将未成年人的隐私保护与普通用户的隐私保护一并阐述，并未设置单独条例。

"真实身份信息注册，征得监护人同意"得分为 4.65 分，分数比较理想，这是由于 2021 年 8 月 30 日国家新闻出版署下发了《关于进一步严格管理 切实防止未成年人沉迷网络游戏的通知》并强制要求所有游戏平台接入实名认证系统。但在实际调查中研究小组发现，部分游戏平台仍存在漏洞，可以使未成年人违规登录，部分游戏下载之后无须实名认证便可畅玩，这些情况值得游戏平台注意并立即完善。

"加强保护敏感信息"得分为4分，大部分游戏平台所提供的《个人信息保护指引》中涉及对于未成年人信息的保护，但指明未成年人信息为需要加强保护的敏感信息的游戏平台数量则相对较少。这一维度上表现较好的如极致游戏明确提出儿童的个人信息属于敏感个人信息，包括身份证件号码、个人生物识别信息、银行账号、通信记录和内容、财产信息、征信信息、行踪轨迹、住宿信息、健康生理信息、交易信息，并希望监护人和儿童谨慎并留意儿童敏感个人信息。

（6）科学普及和宣传教育薄弱，社会责任意识需要加强

所选取的游戏平台在该维度下的得分为5.95分，得分情况较2021年的1.8分大幅度提升，但仍未达到及格标准。该维度下有两个细分子维度，分别是"未成年人保护相关活动"和"科学普及宣传"。

"未成年人保护相关活动"得分为3分，大多数游戏平台仅仅将未成年人保护流于文字，并未具体落实未成年人保护这一企业重要的社会责任。实际行动的游戏平台主要投身于未成年人保护的公益活动中，如腾讯游戏面向城乡孩子推出"智体双百"公益计划，通过推出"100间未来教室和100个快乐运动场"为放学后的孩子提供新的选择，帮助未成年人快乐、健康成长，同时为广大家长分忧；米哈游与中国青少年发展基金会共同发起"薪火公益计划"，致力于共同关注、支持青少年教育发展，为处于贫困地区的学校提供硬件条件、教育设施、学生生活、教师培训等方面的援助。

"科学普及宣传"得分为2.95分，游戏平台对于未成年人的科学普及活动并未落实到位。部分游戏平台面向未成年人开展了益智益趣的研学活动，如极致游戏推出飞行研学活动，帮助未成年人在学中玩、在玩中学；也有部分游戏平台推出优秀文创成果，积极发挥游戏正向价值，如盛趣游戏在将传统文化融合进游戏产品中，其旗下游戏产品还将作为地方中小学戏曲教材（读本）的配套内容在基础教育领域的戏曲教学中发挥作用，利用自身数字化IP开发优势，实现对于传统文化的价值挖掘和传播。

2. 直播平台的应急投诉和举报机制和防沉迷（综合）管理表现尚好，但在科学普及和宣传教育方面相对欠缺

直播平台六个维度相对得分的雷达图如下（见图10）。

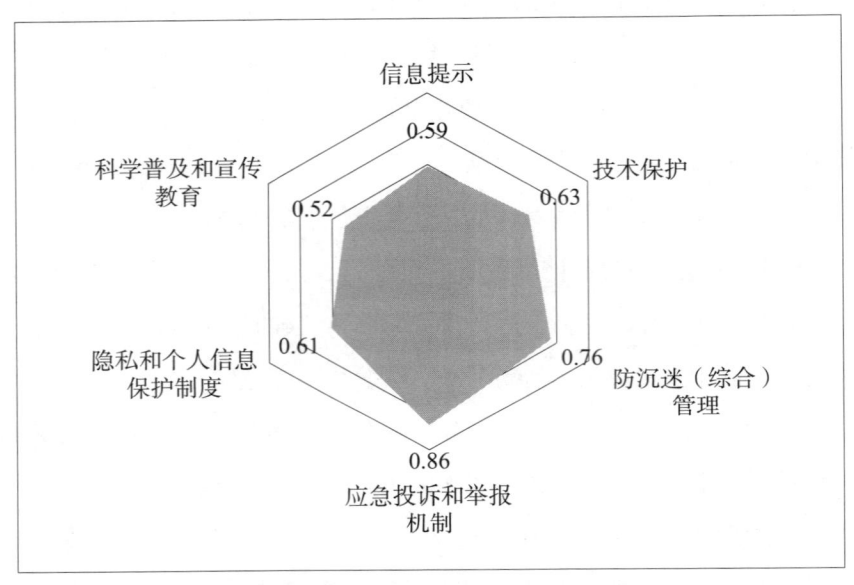

图10　直播平台六个维度相对得分的雷达图

21个直播平台六个维度综合平均得分为66.58分。其中，信息提示平均得分为11.82分，技术保护平均得分为12.66分，防沉迷（综合）管理平均得分为19.04分，应急投诉和举报机制平均得分为8.62分，隐私和个人信息保护制度平均得分为9.2分，科学普及和宣传教育平均得分为5.24分。从平台具体表现看，整体有所提高，但各个维度之间仍存在差异。不同平台之间也在具体实施情况上存在差异。

（1）内容提示、风险提示较好，但整体仍需加强

21个直播平台在信息提示方面平均得分为11.82分，内容提示平均得分为3.38分，私密信息提示平均得分为2.48分，适龄提示平均得分为2.67分，风险提示平均得分为3.29分。其中，内容提示方面，绝大部

直播平台在进入直播间的时候就有直观显著的提示词，提示主播和用户直播间禁止发布低俗、暴力内容。在适龄提示上，六间房直播、么么直播在用户权限中提出，该平台为成年人提供服务和信息，禁止未成年人注册，一旦发现未成年人账号平台有权注销账号。其他直播平台则是在用户协议中指出，未成年人使用服务应该由家长主动开启青少年模式。但是如果不开启青少年模式，直播内容并没有进行适龄提示，部分直播平台女主播热舞等不适合未成年人观看的内容同样可以观看。私密信息提示上，绝大部分平台在隐私保护条例中提出，大部分直播平台仅在用户协议中要求用户自己承诺不在直播或者其他平台服务过程中透露隐私信息，否则责任和损失由用户自行承担。但是在实际操作时并无相关提示。青少年模式中则较少涉及相关信息，因为所有直播平台的青少年模式均不得发布直播信息。风险提示方面，绝大部分直播平台都在用户进入直播间的时候提示用户，可能存在欺诈、暴力、色情等不法行为，并且鼓励用户积极举报。

信息提示方面以 CC 直播为例，CC 直播采取"专业人工风控 +AI 智能 + 强大算力"多层防护为基础的安全技术，定制未成年人保护的专属审核规则和算法模型，并提供深度内容人工审核能力输出。此外，产品内部上线"不利于未成年人健康"的内容举报入口，举报内容将直接送至未成年人审核专项组，由专人优先处理。而对于侵害未成年人权益的行为，例如通过评论、留言等方式骚扰未成年人，一旦发现核实，平台将进行严肃处理，包括直接封禁账号甚至封禁设备。

（2）技术保护方面需完善行业标准

该维度平均得分为 12.66 分，不良信息过滤平均得分为 3.33 分，其中大部分直播平台除了建立青少年模式，对未成年账号进行单独内容供应之外，并没有对直播中的信息进行技术过滤。防止游戏链接或广告推送方面平均得分为 2.71 分，直播平台，尤其是秀场直播，经常会有弹窗推送平台小游戏链接信息，提示用户可以通过做任务、玩小游戏获得该平台虚拟游戏币或者相关礼物。网络安全等级保护方面得分为 3.57 分，虎牙直播、抖音直播、映客直播、西瓜直播、龙珠直播、来疯直播等平台明确写明了其信息系统已经通过网络安全等级保护的三级以上测评和 ISO27001 认证，其余平台也在用户协议里对网络安全保护做出了详细说明。数据风险监测评估方面平均得分为 3.05 分，各直播平台均注意到信息安全问题，在用户协议中提到，将会建立专门的安全部门、安全管理制度、数据安全流程等，并采取严格的数据使用和访问制度，确保只有授权人员才可访问用户个人信息，适时对数据和技术进行安全审计等以保障用户个人信息安全。

（3）防沉迷管理有所提高，但仍存在一些漏洞

直播平台在该维度的均分为 19.04 分，较 2021 年有较大进步。所有直播平台均设置了青少年模式进行防沉迷管理，打开直播平台时会有弹窗提醒设置青少年模式，进入后需设置并确认密码，在家长设置青少年模式之后，儿童无法使用直播平台的部分功能，比如发布评论、分享、发布直播等，同时在青少年模式之下，儿童只能观看未成年人专区内容。时间管理指标平均得分为 4.09 分，青少年模式有时间锁规定，每次可以观看 40 分钟，超时则触发时间锁，需要重新输入密码。按照直播平台青少年模式规定，绝大部分直播平台做到在青少年模式之下 22 点至次日 6 点不提供服务。但也有少数平台超过 22 点后只要让家长输入密码就可以继续观看。权限管理上得分为 4.19 分，所有平台在开启青少年模式后，只能观看青少年专区内容，除非卸载后重新安装，不进行登录以游客身份观看直播。

消费管理方面得分为 4.52 分，大部分直播平台在依靠监护人管控的基础上，利用青少年模式设置密码限制未成年人在直播平台消费。2022 年 5 月 27 日，北京互联网法院发布的《未成年人网络司法保护报告》显示，受理的 76 个案件中包括直播打赏案件 22 件，年龄最小的受侵害者仅 5 岁。

数据显示，直播打赏案件平均标的额为69712元，涉案金额最高的为61万元。尽管在青少年模式中限制了打赏，但是如果没有开启青少年模式，青少年可以直接打赏，并不会进行实名验证，这也是未成年人直播打赏新闻层出不穷的重要原因。2022年5月7日，中央文明办、文化和旅游部、国家广播电视总局、国家互联网信息办公室等四部门联合印发《关于规范网络直播打赏 加强未成年人保护的意见》提出"禁止未成年人参与直播打赏""严控未成年人从事主播""优化升级'青少年模式'""建立专门服务团队""规范重点功能应用""加强高峰时段管理""加强网络素养教育"等7条规定，要求各直播平台取消打赏榜单，限制高峰时段主播连麦PK等，进一步对直播平台消费管理和时间管理进行了规定。但是截至目前，仍有很多直播平台未能按法规进行整改。

提供青少年模式或者未成年人专区指标得分为6.24分。目前来看，青少年专属内容池做得还不够好，只有少数几个平台有较丰富的内容建设。KK直播、酷狗直播青少年专区做得较好。KK直播青少年模式中开设了"护苗专区"和"建党百年专区"两个专区，内容涉及高校招生、KK直播自制非遗栏目纪录片、儿童安全防范公益短片、《万物皆科技》《科学玩跨界》《通个信》等，并开设红色主题活动，让KK主播走访革命圣地进行直播介绍。酷狗直播也结合自身音乐直播特色，在青少年专区中设置了较多适合青少年的歌曲直播，并设置教学栏目，让酷狗直播学院主播教青少年唱歌技巧。较多直播平台青少年模式内容较少，且枯燥单一。比如"一直播"平台青少年模式下只有"央视新闻"视频，战旗直播青少年模式下只有"浙视频""浙直播"两个视频号播放民生新闻，来疯直播青少年模式下只有17个平台选择的短视频，人人直播的青少年模式建设几近于零，仅提供可以开启青少年模式的服务，但是开启后禁止使用所有功能，无法观看任何直播。YY直播青少年模式下视频内容虽然较多，但都是各新闻频道截取下来的新闻视频，很难吸引未成年人观看。

（4）应急投诉和举报机制完善，但是投诉举报处理不及时

该维度平均分为8.62分，"投诉和举报渠道"获得4.19分，"应急预案和机制"获得4.43分，与2021年的5.71分相比有较大进步。在应急投诉和举报设置方面，绝大部分直播平台的投诉和举报渠道明显，并能够直接进行相关举报。不过也有个别直播平台没有标注举报入口，而是用客服平台作为举报渠道。同时，所有直播平台都在用户协议中指出平台有较完备的应急预案和机制，直播中遇到相关问题会在第一时间进行应急处理。例如：YY直播平台制定了网络安全事件应急预案，及时处置系统漏洞、计算机病毒、网络攻击、网络入侵等安全风险，在发生危害网络安全的事件时，会立即启动应急预案，采取相应的补救措施，并按照规定向有关主管部门报告。针对个人信息泄露、毁损、丢失的特大安全事件，YY直播在其隐私协议中提出其会定期组织工作组成员进行安全预案演练，防止此类安全事件发生。如果此类安全事件发生，将按照最高优先级启动应急预案，组成紧急应急小组，在最短时间内追溯原因并减少损失。尽管多个平台都有类似规定，但是各个直播平台针对投诉举报的处理时效有所差异，部分平台指出会在半个月内回馈处理结果，部分平台则是在4—5个工作日后，更多平台并没有指出处理投诉举报的时限，仅提出会第一时间进行处理，具体处理结果反馈时间未知。

（5）未成年人隐私和个人信息保护条款相对完善，但实际操作中存在隐私悖论

该维度总体得分为9.2分，三个下设指标均分依次为3.67分、2.67分、2.86分，与2021年的8.81分相比有所进益，直播平台的隐私和个人保护机制有所发展。几乎所有直播平台均在隐私条款中解释了如何收集使用并保护未成年人隐私信息，但在条款中更多是要求家长开启青少年模式，并要求家长做好相关看护，指出相关隐私信息的上传造成的影响和损失由用户自行承担。在加强敏感信息保护指标上，部分直播平台单独列出了儿童隐私保护政策条款说明，但是仍有部分直播平台仅将未成年人信息保护作为隐私保护条款的部分内容进行简单说明，并未单独进行相应保护。在针对未成年人的隐私信息保护情况时，一方面直播平台在隐私保护条款中单列出未成年人隐私信息保护机制；另一方面选择在家长为未成年人开启青少年模式之后，关闭评论、点赞、发布信息的功能，收回了未成年人在直播平台发言的服务，以此方式保证青少年无法通过自己主动发布信息而泄露个人隐私。

尽管在直播平台的用户协议中明确指出需要以真实信息注册，但是在实际注册过程中存在隐私悖论。所有直播平台均采用电话号码验证或者第三方账号（比如 QQ、微信）验证的方式，因此未成年人同样可以通过家长的手机号验证，获取正常账号而不被识别为未成年人。依据相关法律规定，所有直播平台都对注册主播提出了实名认证要求，要求填写身份证号码、支付宝信息等进行人脸识别确认已成年。但是作为直播观看者则并无此要求。因此，未成年人同样可以用家长电话号码注册，获得自己的账号。在直播平台登录时收集未成年人的面部信息、身份证信息等会导致平台收集信息过度问题，但是如果不收集该信息，仅采用手机号码认证，又会导致未成年人使用家长手机号码注册的漏洞。

（6）科学普及和宣传教育有特色亮点，但整体上仍有欠缺

在该维度直播平台的得分均分为 5.24 分，在设立未成年人保护相关活动及开放日方面得分为 2.33 分，在科学普及宣传方面得分为 2.91 分，相比 2021 年的科学普及维度均分 0.24 分有很大进步。

不少平台针对未成年人的科普和教育工作表现出了相当的重视。2020 年，抖音平台举办媒体开放日，向公众介绍了其平台的青少年保护工作现状并发布了抖音全新的青少年模式。在科普教育方面，2021 年 9 月，抖音平台联手中国科协青少年科技中心、中国青少年科技辅导员发起了"开学科普季"直播活动，打造了专属的直播知识讲堂。直播内容涉及科学、艺术、文学等多个领域。直播内容也在抖音平台的青少年模式内同步上线。

2021年10月，虎牙公司借国家网络安全宣传周的契机，推出了系列主题活动，对网络安全知识进行趣味科普，并以青少年群体喜闻乐见的形式，推出了一首反诈说唱歌曲 *Say No*。网易 CC 直播也十分注重青少年的网络安全法治教育。CC 直播的"小 Law 号 CC 课堂"已上线多期直播课程，内容涉及如何正确使用网络，拒绝校园霸凌等与未成年人保护息息相关的议题。

尽管如此，但是目前依然有所欠缺，首先绝大多数平台没有设立过未成年人开放日，更未涉及未成年人主题教育、社会实践、职业体验等方面。在开展科普活动时多采用短视频方式介绍，科普形式的展开还比较单一，并且还有不少平台缺少社会责任感，缺乏科普意识，没有建设青少年科普内容，未能完成青少年科学知识学习助力行为。

3. 社交平台在技术保护、隐私和个人信息保护制度、防沉迷（综合）管理以及应急投诉和举报机制方面表现较突出，科学普及和宣传教育与信息提示仍需进一步提高

社交平台六个维度相对得分的雷达图如下（见图 11）。

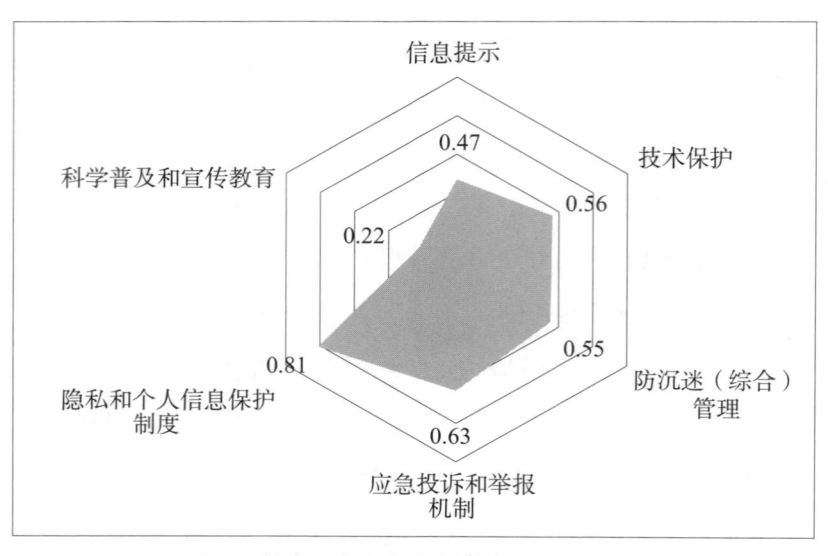

图 11　社交平台六个维度相对得分的雷达图

20个社交平台总均分为56.7分。除了知乎因未在用户协议中专门提及未成年人而无法计算得分外，QQ、微信、微博三个平台得分在70分及以上，45%的平台得分在60分及以上。通过对总体情况进行计算和评价后发现，社交平台整体从技术保护、防沉迷（综合）管理、应急投诉和举报机制、隐私和个人信息保护制度等四维度来看表现尚好，但仍有很大的提升空间；而信息提示、科学普及和宣传教育方面的表现差距较大，还需持续不断提升。

（1）信息提示总体表现较差，私密信息与适龄提示得分较高，风险提示和内容提示较为欠缺

20个社交平台在信息提示维度平均得分为9.4分。其中，内容提示方面，对于包含色情、暴力这些可能影响未成年人身心健康的网络内容，社交平台几乎都未以显著方式做出提示。此外，在对网络中可能存在的不法行为的风险提示方面，社交平台也基本都缺少明确提示，大多在用户协议中以免责声明的方式呈现。具体而言，平台通常会在官方网站发布用户协议、服务使用协议及相关条例，相关文件一般会提及用户不得进行相关的违法或不当行为，形式表现为在用户协议的用户行为规范或使用规则中以一定的条例进行列举，但约束的是整个用户群体，并未保证此类内容一定不会出现在平台上，并且没有向未成年人做出明确提示。例如，微博平台在《微博服务使用协议》的"使用规则"部分中提出："不得上传、展示或传播任何不实虚假的、冒充性的、骚扰性的、中伤性的、攻击性的、辱骂性的、恐吓性的、种族歧视性的、诽谤诋毁、泄露隐私、成人情色、恶意抄袭的或其他任何非法的信息资料。"但实际情况表现为仍存在有可能包含相关信息的内容发布现象，然而没有做出相关风险提示。

在私密信息提示方面，一部分平台做到了提醒，但较少平台制定了专门的保护机制。当中比较突出的案例表现为：乐乎（LOFTER）制定了《网易LOFTER儿童个人信息保护规则及监护人须知》，针对"如何收

集和使用儿童个人信息""可能共享、转让和披露的儿童个人信息""如何存储和保护儿童个人信息""如何管理儿童个人信息"都给出了具体说明。但其他平台则是在用户协议或者儿童隐私条款中进行了免责声明。

在适龄提示方面，填写注册用户的个人信息（如身份、生日信息等）已成为绝大部分社交平台注册时的必填项。通过这些信息，平台就可以分析判断出注册者是否为成年人。有的平台提示按照国家政策和法律的相关规定，在获得监护人同意后，未成年人才可继续使用该平台；而有的平台在识别出未成年人身份后，会进一步收集监护人的手机号码、电子邮箱等联系方式，验证其与未成年人的监护关系，保护未成年人的权益，避免使用时出现的问题。但是，仍有少数平台未在官网上以及显著协议中标出年龄提示。

（2）技术保护方面，对于不良信息的过滤较好，但缺乏对于外部信息流入风险的管控以及具体严格的监测保护机制

该维度平台均分为11.1分。社交平台基本都按照有关法律法规制定了规章，针对未成年人进行了提醒，并需要用户以真实身份信息报名和登记，其中包括用户输入生日、年龄信息等可以辨别使用年龄的商品或服务，以确保对未成年用户进行监控和保护，但通常缺乏具体、严格的审核机制。只有QQ、微信等要求实施实名认证后才可以正常使用，以此达到较为严格的筛选结果。

针对不良信息过滤，大部分社交平台运营商在发现和识别出有用户发布、传播含有危害未成年人身心健康发展内容的信息时，会立即停止传输相关信息，采取删除、屏蔽、断开链接等必要保护处置措施。

在网络安全等级保护方面，绝大部分社交平台都未严格根据网络安全的五个等级进行明确规定，没有做到按照网络安全等级保护制度要求，履行安全保护义务。针对数据风险的监测和评估，大多网络服务提供者有与

第三方相关部分进行联动管理，只是缺少做到完善的风险监测和具体定期开展风险评估的措施。

对于游戏链接或广告推送，各大社交平台大多是以免责形式提及，并没有完全禁止相关的推送，甚至不少社交平台会根据用户信息进行个性化广告推送服务，但可以在平台设置中将其关闭。

（3）防沉迷（综合）管理方面，大多数平台提供青少年模式，但缺乏具体的管理措施

该维度平台平均分为 13.85 分。绝大部分社交平台（除了直接不允许未成年人使用的社交平台）都对产品和服务进行了分类，提供面向未成年人的功能板块或者提供青少年模式等。

对于时间管理和消费管理，包含较完善青少年模式的平台，在该模式说明或者面向未成年人的相关条例部分中，针对未成年人用户的使用时间和消费行为进行了相关的提及和规定。然而对此方面的权限管理虽有所涉及，但多为"蜻蜓点水"的强度，主要表现为形式上的规定，源头上仍然存在纰漏，缺乏细致、明确的相关管理机制。

在所有研究样本中，只有小红书平台在协议中，就未成年人使用该款 App 可能出现的超范围使用、沉迷网络，以及进一步购买相关服务、充值、打赏等负面问题，对未成年使用者以及未成年人的监护人做出了提示，即小红书不鼓励未成年人使用小红书软件及相关服务进行任何消费行为。而作为未成年人的监护人也要尽到监管义务，时刻关注好自己的网络支付情况。但小红书也并未形成一套严格的监控系统来针对未成年人的时间、权限、消费等进行管理。

总体而言，青少年模式在大部分社交平台中进行了设置，但防沉迷系统在社交平台中尚未进行广泛和明确的推广。

（4）应急投诉和举报机制相对完善，但仍需聚焦保护目标

该维度平台平均分为 8 分，各平台该项分数相对较高。此种情况说明，随着社交平台的建设与发展，伴随着服务意识的提升与完善，应急投诉和举报机制也在朝着不断完善、优化的方向发展。

用户需求是基本动因，平台机制建设满足用户需求是平台与用户间的良性互动，社会或者第三方监管是保障。样本社交平台的协议文件或网站中公开提供的投诉与举报电话等信息充分说明了这一点。但具备了基础的服务机制后，平台还需聚焦服务对象，细分服务人群。社交平台的服务主体对象是年轻人，但随着社会的不断发展，老年人以及未成年人参与网络活动的可能性增加。对于特定人群，如何结合他们的年龄、心理特点，做好服务，还需社交平台以及社会给予重点关注，实施丰富且具有针对性的方案。例如，通过图像点击、语音留言、在线真人接听电话等方式反馈问题，以便他们的投诉与举报能及时、准确、有效地被解决。

从目前社交平台的实际使用情况来看，还需做好以下两个方面的工作。一是不断强化社交平台主体责任。社交平台有社会责任和义务对特定人群给予特殊关注与保护，及时对他们反馈的问题汇总、分析并采取措施，避免同类问题发生或恶化。二是要强化第三方的监督管理。网络社交平台不是法外之地，适时引入政府主管部门等第三方的监督与管理，是网络社交平台将应急投诉和举报机制落到实处的根本保障。

（5）隐私和个人信息保护制度日趋完善，但如何落实是关键

该维度平台平均分为 12.2 分，相比于 2021 年，此维度得分略有上升。这进一步说明，随着社会的进步与平台的发展，个人信息和隐私保护已得到了大多数人的关注。此时，相关制度的建立与完善，社会监管的加强也就成为必然趋势。

在本维度中，大部分社交平台均在隐私和个人信息保护制度的基础上，专门增加了针对青少年、未成年人的信息和隐私保护的协议和条款，这在其他维度中是不多见的。尽管社会对未成年人的隐私与保护意识不断加强，相关制度不断完善，但仍无法保证未成年人信息和隐私保护工作能够万无一失。

解决好未成年人隐私和信息保护，还需在现有基础上完善以下几点工作。一是落实未成年人实名认证的确认工作。在很多社交平台的实际注册过程中，对未成年人身份确认的手段存在漏洞。目前大部分社交平台注册的基础信息是身份证、手机号码、微信账号等，现有甄别手段无法确认是否是未成年人用成年人的个人信息注册成人平台，应充分利用人脸识别技术、指纹识别等科技手段，切实落实好未成年人的真实身份鉴别工作。二是在鉴别了未成年人真实身份后，如何调动社交平台的主动性和责任意识，促使其愿意支出一定的成本，将未成年人个人信息与隐私保护措施落到实处，仍然是本维度的研究重点。社交平台的未成年人保护条款很多，但其中大部分内容是推责免责条款，即将未成年人的保护责任推给了其监护人。而社交平台具体的保护措施实施如何，做了多少相关工作，取得了哪些显著效果，却鲜有平台给予数据和事实的支撑。因此也不排除部分社交平台的未成年人信息和隐私保护条款仅完成了监管部门的合规要求，但作用有待提升。

（6）科学普及和宣传教育功能缺失，建立未成年专业社交平台成为当务之急

该维度平台平均分为2.15分，是六个维度中得分较低的一项。数据显示，青年人是网络平台发展的推动力，也是网络消费的主力军，如何做好对青年人的服务，引领他们的需求才是各平台关注与发展的重点。众多网络社交平台主要面向成年人服务为主，未能给予未成年人足够的关怀、保护乃至于科学教育等人文相关的行为。虽然有些大平台搞过一些开放日、宣传日的活动，但也大部分是针对成年的年轻群体。例如，2017年12月，

腾讯举办第一届用户开放日活动，邀请用户深度参与、体验最新的科技动向及技术，通过人工智能嘻哈调音台、虚拟现实传送门等25个创意互动装置，展现了腾讯互娱、互联网＋，以及网络安全等多项技术及应用。该开放日主要面向的是所有用户群体，内容主要针对科技和服务进行展示，这些活动主要目的是向其用户推介平台新的功能、参与体验新的科技应用等。但腾讯及其旗下相关平台也是近些年的社交平台中，在科普教育方面，为数不多做出了较为突出奉献的"领头羊"。2018年9月，其发布了"腾讯青少年科普计划"，腾讯青少年科学小会将开启这一计划的系列活动。腾讯青少年科学小会是由腾讯公司主办、中国科学技术协会作为指导单位的年度科普活动，旨在通过不同的科学内容和别样的传播形式激发中国青少年对于科学话题的关注。

这样在科学普及和宣传教育方面的行为及活动在社交平台中还是寥寥无几的，并且面向的群体十分有限。建立以政府牵头、带有公益性的、适合未成年人使用的专业网站等措施才是未来针对未成年网络的行动发展方向，从根本上解决未成年人的网络保护问题。

4. 音视频平台在防沉迷（综合）管理、应急投诉和举报机制、隐私和个人信息保护制度方面表现突出，在信息提示、科学普及和宣传教育方面非常薄弱

20个音视频平台六个维度相对得分的雷达图如下（见图12）。通过对总体情况进行计算和评价后发现，音视频平台整体上从防沉迷（综合）管理、应急投诉和举报机制、隐私和个人信息保护制度等三个维度来看表现尚好，但仍有提升空间；而在信息提示、技术保护、科学普及和宣传教育等三个维度的表现差距较大，还需持续不断提升。

20个音视频平台总均分为54.9分，得分在55—60分的平台最多。平台得分在60分及以上的占45%，平台得分在50分及以上的占90%。

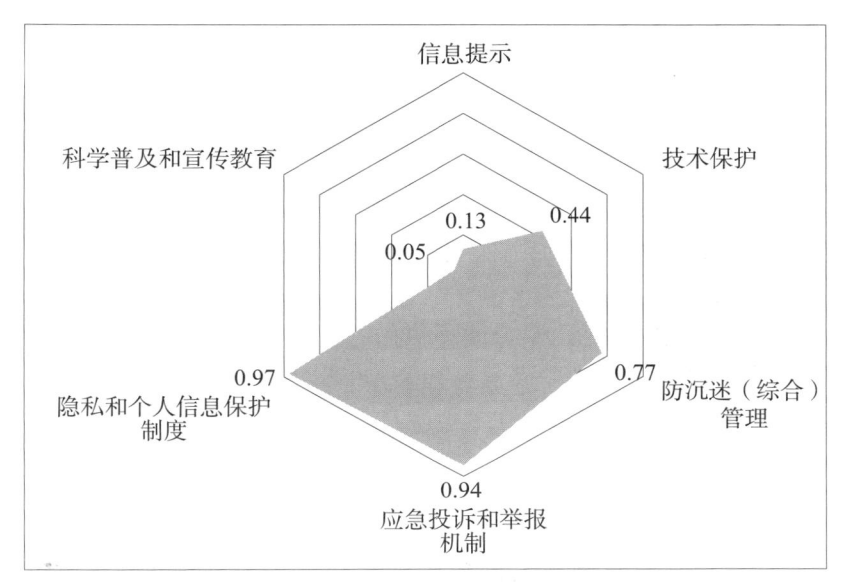

图12　音视频平台六个维度相对得分的雷达图

（1）信息提示得分低，私密信息提示功能亟须完善

该维度平台平均分为2.5分。研究涉及的大多数音视频平台都甚少在隐私条款中体现信息提示部分，实际使用过程中也缺乏显著性的信息提示。表现较好的平台是哔哩哔哩，从内容提示、适龄提示、风险提示三方面对未成年人的平台使用进行了保护。哔哩哔哩在多处视频标题下有显著标明审核得出的"可能含有诈骗、色情"类提示；对广告类视频、"创作推广"类视频也有标注；哔哩哔哩对于身份认证措施实施严格管理，对于未经身份认证的用户或身份证显示为少年儿童年龄段的用户将用专门的策略进行内容展现和社区权限设置。除哔哩哔哩之外，其余平台大多只达到了适龄提示指标要求内容。例如，爱奇艺有设置专门的针对未成年人的板块和应用；喜马拉雅现有的隐私政策中提到，平台"包含专门面向儿童的功能板块，或者需要用户输入年龄信息或其他能识别用户年龄的产品或服务"。

研究涉及的20个音视频平台在信息提示方面都有较大缺失，尤其是对未成年人发布私密信息前的私密信息提示功能亟须完善。爱奇艺有较为明确的条例指出，爱奇艺与儿童监护人进行必要的儿童个人信息披露，"在青少年模式下，为保障账号安全、实现反欺诈反作弊目的，向您（监护人）披露您的孩子的日常使用情况及为儿童提供其需要的内容和可能更感兴趣的服务"。各音视频平台应加强信息提示方面的建设，做好预警工作，跑在不良内容披露前、私密信息发布前、不宜功能接触前、不法行为发生前，把可能危害未成年人身心健康、财产安全、信息安全的不良信息挡在未成年人接触前。

（2）技术保护得分偏高，数据风险监测评估有待加强

该维度平台平均分为 8.75 分。整体上，研究的 20 个音视频平台在技术保护上均做到了网络安全等级保护指标，65% 的平台做到了不良信息过滤指标，仅哔哩哔哩做到了防止游戏链接或广告推送指标，所有平台暂未达到数据风险监测评估指标。

在不良信息过滤上，多数音视频平台已建立了较为完善的审核机制，对可能危害未成年人身心健康内容信息有较高精度的识别。例如，哔哩哔哩"通过官方标签或用户标签等方式，对内容展现机制进行优化。疑似不适合少年儿童年龄段用户在无陪同、无引导等条件下观看的内容，将不对其展现"。

对于防止游戏链接或广告推送，哔哩哔哩采取标签分类模式，单独标明经营于平台内的游戏和广告，有效地降低了未成年人看见不符合自身需求的广告、点开不适宜游戏的可能性。

对于网络安全等级保护方面，所有平台都做到了基础的对于用户信息安全的尊重。例如哔哩哔哩"使用符合业界标准的安全防护措施保护个人信息，防止数据遭受未经授权的访问、公开披露、使用、修改，或者发声损坏或者丢失。使用 SSL 对数据进行加密保护，并建立访问控制机制，确保信息有限可访问，并举办课程培训加强员工保护个人信息意识"。西瓜视

频则在隐私政策中写道："努力采取合理的安全措施（包括技术方面和管理方面）来保护你的个人信息，防止你提供的个人信息被不当使用或在未经授权的情况下被访问、公开披露、使用、修改、损坏、丢失或泄露。目前，西瓜视频已经通过了国家信息安全等级保护（三级）的测评和备案，并通过了国际权威的 ISO27001 信息安全认证。"腾讯视频"构建并完善包括安全体系认证、业务安全能力认证的个人信息安全管理体系"，"通过了国家网络安全等级保护（三级）的测评和备案"，采用业界领先的技术保护措施保护个人信息。各平台都致力于维护用户信息安全，保护未成年人上网安全。

研究涉及的 20 个音视频平台全部设立了技术保护措施，设置了应急处理预案，公开了联系渠道和政策修订，但数据风险监测评估方面还有所欠缺。各平台对未成年人的信息保护均有比较明确的规定，说明了个人信息收集使用规则、如何保护个人信息、个人权利、如何处理儿童的个人信息、政策如何更新、如何联系我们等内容。所有平台均采取符合业界标准的安全措施保护个人信息，使用加密技术保障个人信息安全性，使用信赖的保护机制防止个人信息遭受恶意攻击，部署访问控制机制，尽力确保仅授权人员可访问个人信息并对该部分授权人员的访问行为进行审计。目前，各个平台都需要定期开展风险评估并向有关部门报送风险评估报告，以达到为未成年人提供最优质的技术保护服务的目的。

（3）应急投诉和举报机制健全，个别平台缺乏高效处理渠道

该维度平台平均分为 9.4 分。研究涉及的 20 个音视频平台中，除酷我音乐的隐私政策未提及该部分内容外，其余平台都有设置公开投诉、举报的方式，并且对网络安全事件都有设置完备的应急预案，预设了相应的补救措施。

对于投诉和举报渠道、应急预案和机制两个指标，绝大多数音视频平台都成立了专门的数据安全部门，并制定了妥善的预警机制和应急预案。一旦发生个人信息泄露、损毁、丢失后立即启动应急预案，阻止事件扩大，

在法律法规要求下及时通过推送通知、邮件等形式告知用户事件的基本情况和可能的影响、已采取或者将采取的处置措施、用户的降低风险建议，必要时采取通知公告方式发布警示，并主动向有关部门上报安全事件处置情况。其中，多多视频对于未成年人相关的投诉、举报的处理效率略显不足，用户可通过隐私投诉功能提交访问申请，而平台方"将在15个工作日内完成核查处理并向您发送结果"。相对其他平台而言，多多视频对于涉及未成年人的举报事宜缺乏高效处理渠道。

对于未成年人相关的投诉、举报的处理，应该争分夺秒，各音视频平台在维持现有应急投诉和举报机制的同时，应尽可能提升处理速度。

（4）防沉迷（综合）管理得分高，权限管理能力亟待升级

该维度平台平均分为19.25分。除多多视频未提到防沉迷（综合）管理相关的措施、酷我音乐仅做到消费管理指标外，90%的音视频平台在防沉迷（综合）管理上的得分都在20分以上。

对于时间管理、消费管理、提供青少年模式或者未成年人专区这三项指标，绝大多数音视频平台都有落实。例如，咪咕视频设置了青少年模式，青少年无法在咪咕视频进行购买、付费等操作，单日使用时长超过40分钟需输入密码，22点至次日6点无法使用。

对于权限管理，少数音视频平台做到了严控未成年人可被授权观看资源。例如咪咕视频"精选了一批适合青少年观看的内容"，全民K歌在开启青少年模式后甚至连搜索功能都受限制。腾讯视频具有专门面向14周岁以下儿童的功能板块的服务，需要通过用户输入生日、年龄信息等方式进行识别及权限管理。

酷我音乐仅在用户使用直播功能并申请成为主播时，才进行真实身份信息的收集，以用于资质审核。而多多视频的隐私政策中，完全没有提及防沉迷（综合）管理。对于大多数音视频平台而言，防沉迷（综合）管理维度的得分都较高，期望未来各平台在权限管理方面能有更加优异

的表现。

（5）隐私和个人信息保护制度较完善，持续加强敏感信息保护强度

该维度平台平均分为14.5分。研究的20个音视频平台中，95%的平台对于未成年人个人信息的收集、使用、存储保护、处理方式、转移政策等都有详细条款，服从相关规章制度，对保护未成年人隐私权和个人信息、真实身份信息注册，征得监护人同意和加强保护敏感信息三个维度都有较为详细的陈述。酷我音乐没有设置针对未成年人的隐私和个人信息保护制度，因而在"真实身份信息注册，征得监护人同意"和"加强保护敏感信息"两个维度上都有待完善。

研究的大多数音视频平台按照法律法规，秉承"最小、必要"原则，收集未成年人信息并保护，严格限制收集未成年人信息的类型，限定对此类信息的使用目的，承诺仅将信息存储于中华人民共和国境内，设置符合法律规定的儿童浏览日志信息的存储时限，并采取严格的数据使用和访问制度，确保仅授权人员可访问，适时对数据和技术进行安全审计，最大限度保护未成年人个人信息安全。咪咕视频给出了对于意外收集了未成年人信息之后的处理方式："咪咕视频注重14周岁以下的未成年人的个人信息保护，对于经监护人同意而收集未成年人个人信息的情况，只会在受到法律允许、监护人明确同意或者保护未成年人所必要的情况下使用或公开披露此信息。如果发现自己在未事先获得可证实的监护人同意的情况下收集了未成年人的个人信息，则会设法尽快删除相关数据。"QQ音乐在隐私保护指引中阐述了收集信息、存储信息、使用信息、对外提供信息的方式和情况，列出了未成年人保护的专门条款，重视对未成年人个人信息的保护。根据相关法律法规的规定，QQ音乐要求："不满14周岁的未成年人在使用QQ音乐的服务或提供个人信息前，应当事先取得监护人的授权同意；已满14周岁未满18周岁的未成年人，可以事先取得监护人的授权同意或自行授权同意。QQ音乐仅在法律法规允许、未成年人的监护人明确同意

或者有必要保护未成年人的情况下使用、对外提供或公开披露该信息。QQ音乐公开了联系方式，监护人如果对所监护的未成年人的个人信息有疑问，可以与其联系。"

（6）科学普及和宣传教育方面非常薄弱，大多数平台缺乏科普宣传的主动性

该维度平台平均分为0.5分。除西瓜视频、腾讯视频外，研究的大多数音视频平台缺乏进行科普宣传的主动性，或没有明确制度、条款提到要积极开展针对未成年人的相关教育性质的活动。

西瓜视频在条款中承诺"提供多元和适合未成年人的优质作品，涉及书法绘画教学、亲子教育、人文科普、传统文化、手工制作、自然科普等多个分类，致力于优化未成年推荐内容算法"。在未成年人网络普及率极高的既成现实下，怎样利用好音视频平台为未成年人主题教育、社会实践、职业体验等提供支持，是平台做好本职身份之外，需要探索和研究的。音视频平台应利用自身影响力，鼓励科研机构和科技类社会组织对未成年人开展科学普及活动，充分发挥音视频平台特征上的优势，为未成年人打造更加多元化、数字化的教育体验。

四、加强互联网平台未成年人保护的政策建议

（一）完善青少年模式，建立面向青少年的丰富内容池

各平台应将完善青少年模式作为今后重点努力的方向，让"青少年模式"不应只是管住、守住孩子，而是服务好青少年这一特殊群体。为此，各平台应将青少年模式与平台的其他内容与设置区别开来，加强对青少年模式下内容的审核与功能优化，从源头杜绝有害内容的进入，为青少年打造绿色、健康的空间；考虑青少年的身心特点和需求，为青少年

提供的内容能够匹配他们的年龄和需求，帮助青少年增长见闻、提升素质；平台也应该进一步提高技术水平，增强身份识别的准确性，使青少年模式对未成年人的保护更具有效性。目前，"青少年模式"下的内容存在丰富度和吸引力不足等问题，未成年人主动启用"青少年模式"的比例不高。为此，各平台应考虑未成年人身心发展的差异性，以及不同年龄段的需求，开发建构有梯度的、螺旋上升的内容，设置匹配度更高的内容或专门为未成年人定制精彩内容，激发未成年人自主开启保护模式的动力。

在平台内容审核方面，平台可以适当引入用户参与内容审核工作，邀请用户参与内容审核工作。鼓励优质用户参与内容审核工作，在减轻平台人工负担的同时，能够提高用户对内容安全的责任意识，在潜移默化中形成良好自治的创作氛围和社区环境，为未成年人提供更好的平台使用环境。平台进行有奖举报活动，核实无误的用户举报信息可以换取平台积分等方式，促进普通用户参与内容审核过程，同时也让用户对平台中的弹幕评论、用户头像昵称、聊天区图像、文本等涉及色情、广告、暴恐、违禁等信息的部分进行积极举报，使用户和平台共同维护互联网平台的绿色健康，全民参与未成年人保护工作。

（二）定期监测数据风险，实现平台规范化管理

随着云计算、大数据、人工智能等技术的发展与运用，网络安全事件的表现形式愈发多样，复杂程度不断加深，数据泄露事件、网络攻击事件频发，网络安全风险持续增加。在未成年人的上网过程中，网络安全事件一旦发生，便会对青少年造成不可挽回的伤害。对此，各平台应推出符合法律规定和国家标准的产品，加强技术保护，将数据风险监测常态化，当发现网络产品、服务存在安全缺陷、漏洞等风险时，立即采取补救措施，按照规定及时告知用户并向有关主管部门报告；各平台应当为其产品和服

务持续提供安全维护，及时受理用户反馈的网络安全风险。针对网络安全事件，亡羊补牢不如防患于未然，各平台应建立统一的网络安全部门或团队，专人专项应对各类安全问题，开展网络安全认证、检测、风险评估等活动，建立迅速、有效的网络安全应急措施，遵循国家规定向社会发布系统漏洞、计算机病毒、网络攻击、网络侵入等网络安全信息，及时抵御各类未知风险。

除此之外，从平台隐私条款及用户协议来看，目前并非所有的互联网平台都通过了国家信息安全等级保护三级认证。未来应该进一步提高平台信息安全等级保护认证工作的推进，鼓励平台提高自身信息安全等级，为未成年人保驾护航。同时，互联网平台方应该严格按照国家要求，切实做到合法合规，从技术保护角度做好不良信息过滤，避免未成年人在网络直播中受到不良信息的冲击和伤害。目前，针对未成年人保护并未形成一套成体系的、针对平台的完整规范，各平台在未成年人保护工作领域表现得参差不齐，建立一套完整可行的规范与标准势在必行。

（三）构建全方位信息提示矩阵，优化未成年人使用环境

互联网平台业务类型复杂，服务用户数量巨大，而用户的文化素养和道德水平参差不齐。部分素养较低的用户在互联网平台上发布一些不当言论，而互联网并不是全方位安全的空间，个人的私密信息有可能被泄露。这种现状要求互联网平台构建起全方位的信息提示矩阵，对不良、敏感信息采取屏蔽措施，对有可能威胁到未成年人成长的内容进行重点管制，并且完善相应的处理措施。在平台内容的分级制度上互联网平台也需要加强管理，不仅仅将适龄限制停留在提示层面，在注册、登录等阶段应验明用户年龄和身份，将未成年人用户隔绝在年龄限制的产品之外。对于未成年人的私密信息保护，互联网平台应纳入重点建设工程，采取家长与平台共同守护的方式，加强保护力度，及时向监护人推送相关信息，进一步优化

未成年人的网络使用环境，建设风清气正的网络空间。

此外，互联网平台还应进一步明确隐私保护条例中未成年人的年龄划分，按照"最小收集"与"最高保护"原则，严格界定个人信息的保护范围，并且保证与未成年人相关的关键信息得到加密处理，制定切实可行的隐私保护条款，加强未成年人隐私保护。此外，《中华人民共和国未成年人保护法》规定"个人信息处理者处理不满十四周岁未成年人个人信息的，应当取得未成年人的父母或者其他监护人的同意"。为此，互联网平台在收集一些关键、敏感的个人信息时，应取得未成年人的监护人的知情同意，按照"正当必要、知情同意、依法利用"的信息收集原则，努力构建一个和谐、安全、健康发展的网络社交环境。

（四）政府、企业、学校、家庭协同联动，形成青少年的保护矩阵

相关部门、企业、学校、家长等各方要联动协同，形成未成年人的保护矩阵。首先，需要国家法律的明确规定，使得各平台有法可依，按照实际情况进行法律建设，严格规定直播平台对所收集的用户隐私信息的储存和使用问题。其次，直播平台在进行用户个人信息收集后，必须严格限定仅用于账号主体的成年与否的识别，针对可能无法管理到儿童的家长，平台可以采取分析用户日常使用平台作息、打赏习惯等多种方式对用户年龄进行判断，并针对疑似未成年账号进行提示，要求其提供能证明自己成年的相关信息后再开放成年区服务。此外，各平台应该对青少年模式进行相应宣传，促进家长对青少年模式的了解，能够让网络素养较低的家长也明白开启青少年模式的意义。再次，家庭和学校在未成年人保护上需要承担相应责任。学校可以开展青少年网络素养课程，引导青少年科学合理上网。培养学生的网络信息获取、辨别、分析、批判、学习等各种能力。学校还要关注孩子成长过程中的变化，根据发现的问题及时采取措施，防止未成

年人被网络不良信息侵害。此外，未成年人的网络保护，家长的引导至关重要。家长要对孩子多一些关心，多和孩子交流，尽好自己的监护责任，监督青少年不沉溺于网络。譬如，针对一些网络平台上出现的巨额打赏情况，家长首先要看管好自己的账户和密码，不放任青少年使用自身账户。在青少年接触网络时，家长应该及时履行网络教育职责，安装过滤软件、控制青少年的上网时间，也要培养自身良好的上网习惯，避免给孩子带来不良示范。

（五）践行多元知识普惠理念，做好科普和宣传教育

互联网多元的形式打破了知识传播和理解的壁垒，有望成为推动实现知识"普及"和"惠及"的助推器，推动全民科普时代的到来。平台可以通过与专业的科普机构、青少年教育机构开展合作，利用平台的产品与社区优势赋能科普内容，让更多的青少年用户能通过互联网平台点燃对于科学的热情。同时，平台将通过协助科学家及优质科普号入驻，发起线上科普音视频活动及线下青少年科学教育活动，助力科普事业，共同创造互联网的幸福成长环境。

此外，未成年人是互联网平台用户结构的主要组成部分，各平台除了娱乐性，也需要兼顾对于未成年人的教育性和引导性。首先，挖掘平台内容本身的教育价值和文化价值，让未成年人在网络使用中积累文化知识，端正思想价值；其次，将未成年人日常生活中的德育知识、文化知识与平台内容进行结合，提高内容本身的文化属性，并联合线下渠道，积极开展开放日等活动。互联网平台可以在企业内部设立专门的机构或者部门，专门处理未成年人的宣传教育活动，设立未成年人价值引导专区，积极开展社会实践活动，做到平台与社会联动，企业与学校合作的未成年人教育新机制，承担起丰富未成年人思想的任务，肩负起社会教育的责任。

附 录

附录 1

网络游戏平台未成年人保护现状、问题及对策建议[*]

秦 月 张 恒[**]

摘要： 随着网络游戏产业的规模扩大，越来越多的未成年人开始接触网络游戏。然而，青少年容易沉迷于网络游戏，并受到网络游戏的负面影响。青少年是祖国的未来，网络游戏平台需履行社会责任、守护未成年人。为了探究网络游戏平台在未成年人保护上所做出的努力，提出一种网络游戏平台未成年人保护评估方法。该方法综合利用文本分析法，通过分析平台用户协议和隐私条款的文本内容，以 22 个网络游戏平台为例，总结出现有网络游戏平台未成年人网络保护的现状、特征与不足，并提出加强保护未成年人的改进政策建议。

关键词： 网络游戏；未成年人保护；用户协议；隐私条款

近年来，网络游戏产业呈现出普及化、低龄化趋势，青少年容易受到网络游戏的不良因素影响。由于沉迷网络游戏而造成的青少年网络成瘾的现象和负面新闻屡见不鲜，网络游戏管理成为青少年保护过程中重要的社会议题。目前，我国已下发了一系列法律法规对网络游戏实行管理和干预，保障未成年人拥有良好的网络游戏环境。2020 年 10 月，国家修订了《中华人民共和国未成年人保护法》，增设了"网络保护"专章，已在 2021

---

[*] 该论文为 2021 年度国家高端智库重点研究课题（Gb2021001）基金项目研究成果。

[**] 作者简介：秦月，北京师范大学新闻传播学院 2021 级硕士研究生；张恒，北京师范大学新闻传播学院 2020 级硕士研究生。

年 6 月 1 日施行。2021 年 8 月 30 日，国家新闻出版署下发了《关于进一步严格管理　切实防止未成年人沉迷网络游戏的通知》，提出严格限制向未成年人提供网络游戏服务的时间，所有网络游戏企业仅可在周五、周六、周日和法定节假日每日 20 时至 21 时向未成年人提供 1 小时网络游戏服务等要求。[①] 未成年人保护和防沉迷工作是我国游戏行业可持续发展的重要前提。2021 年 12 月 16 日，中国音数协游戏工委等发布的《2021 年中国游戏产业报告》显示，2021 年，主管部门高度重视游戏产业发展工作，把未成年人保护和防沉迷工作作为游戏产业发展的第一要务，做出了一系列重大决策部署并出台了一系列政策措施。国家级实名认证平台的正式启用，以及行业标准体系的日趋完善，将推动未成年人保护手段持续升级[②]。一系列法规政策的出台显示出国家实现对于网络游戏强力监管的决心，然而在执行层面上还需要网络游戏提供平台将政策落到实处，与国家一起共织保障体系，保护未成年人的网络生活。

本研究以 22 个网络游戏平台为样本，采用文本分析法评估网络游戏平台在未成年人保护方面的现状，旨在解决以下问题：网络游戏平台是否全面落实未成年人保护的法规和政策要求？网络游戏平台在未成年人保护的各个维度表现如何？

一、网络游戏平台未成年人保护评估方法

（一）研究方法

本文提出一种针对网络游戏平台未成年人保护的评估方法，如图附 1-1

---

① 国家新闻出版署关于进一步严格管理　切实防止未成年人沉迷网络游戏的通知［EB/OL］.（2021-08-30）. https://www.gov.cn/zhengce/zhengceku/2021-09/01/content_5634661.htm.
② 中国音数协游戏工委等 .2021 年中国游戏产业报告［EB/OL］.（2022-08-19）. http://www.cgigc.com.cn/details.html?id=08da81c5-2a72-479d-8d26-30520876480f&tp=report.

所示。在对网络游戏平台用户协议和隐私条款的考察中，本研究主要采用文本分析法。文本分析法是按某一研究课题的需要，对一系列相关文本进行比较、分析、综合，从中提炼出评述性的说明。文本分析法具有客观性、系统性的特点，依据文本的实际情况进行系统的归类整理，在分析法律、政策、新闻等公开文件时发挥作用，有助于加深对于文本的理解，把握文本的深层意义。本研究所分析的文本内容是网络游戏平台的用户协议和隐私条款，属于任何人都可以获得的公开资料，通过对文本内容进行系统的归类和整理，以更好地判断和评价网络游戏平台在未成年人保护上所做的工作。

本研究对 22 个网络游戏平台（如图附 1-1 所示）的用户协议、隐私条款等进行文本分析，并对照指标体系逐项进行调研验证。指标评价信息需满足以下基本原则：第一，可靠性，即信息来源真实可信；第二，实质性，即信息能准确反映互联网平台在所有指标下的表现；第三，时效性，即信息符合当前研究的时间范围。

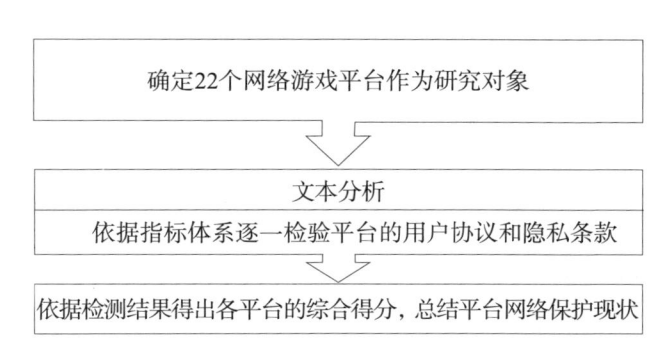

```
确定22个网络游戏平台作为研究对象
           ↓
文本分析
依据指标体系逐一检验平台的用户协议和隐私条款
           ↓
依据检测结果得出各平台的综合得分，总结平台网络保护现状
```

图附 1-1　研究流程图

（二）研究对象

本研究以发行手机游戏的网络游戏平台为研究对象。TapTap 是中国最大的游戏和玩家社区之一，实时同步全球各大应用市场游戏排行榜，其热玩榜单根据游戏的下载量和关注度等数据进行排名，有效地反映出网络游

戏的热度。在选取样本时，研究小组以 TapTap 的热玩榜单为参考，查询榜单上排行前列的手机游戏所属厂商，最后选取了包括腾讯游戏、三七互娱在内的 22 个网络游戏平台（具体名单请见表附 1-1）为样本。

表附 1-1　22 个网络游戏平台样本名单

腾讯游戏	龙渊网络	多益网络	凉屋游戏	三七互娱	鹰角网络
叠纸游戏	莉莉丝游戏	椰岛游戏	网易游戏	盛趣游戏	雷霆游戏
真有趣游戏	心动网络	米哈游	巨人网络	灵游坊	库洛游戏
哔哩哔哩游戏	Thatgamecompany	暴雪娱乐	超级细胞		

（三）指标构建

本研究主要采用专家咨询法进行维度划分和指标拟定。以《中华人民共和国未成年人保护法》《中华人民共和国网络安全法》《儿童个人信息网络保护规定》《关于进一步严格管理　切实防止未成年人沉迷网络游戏的通知》等 10 多项法规政策在未成年人的隐私保护、信息安全、防沉迷管理等方面做出了规定和提示，要求各大互联网平台合法合规向未成年人提供网络服务，是本研究在指标构建时的重要参考。研究小组对这些法规政策进行了归纳和梳理，初步建构起互联网平台未成年人网络保护的指标。随后，邀请到在未成年人保护领域上具有话语权和影响力的 6 位专家对指标体系提出修改意见，最终建立起指标评价模型，即防沉迷（综合）管理（anti-addiction management）、信息提示（information cue）、科学普及和宣传教育（scientific popularization and publicity and education）、技术保护（technical protection）、应急投诉和举报机制（emergency complaint and reporting mechanism）、隐私和个人信息保护制度（privacy and personal information protection system）共六个维度、16 个指标（见表附 1-2）。研究小组邀请 6 位专家对 16 个指标在未成年人保护上的重要性进行排序，以确定每个维度和指标的分值。时间管理、权限管理、消费管理及保护未成年人隐私权和个人信息 4 个指标各占 10 分，其余指标各占 5 分，总计 100 分。

表附1-2　互联网平台未成年人网络保护指标体系

维度	指标	具体内容	分值
信息提示（20分）	网络产品或信息提示	包含可能影响未成年人身心健康的网络色情、暴力等内容，应当以显著方式作出提示	5
	私密信息提示	未成年人通过网络发布私密信息的，应当及时提示，并采取必要的保护措施	5
	适龄提示	网络游戏服务提供者应当按照国家有关规定和标准，对游戏产品进行分类，作出适龄提示，并采取技术措施，不得让未成年人接触不适宜的游戏或者游戏功能	5
	风险提示	对网络中可能存在的诈骗、欺凌、暴力、色情等不法行为进行提示	5
技术保护（15分）	真实身份信息注册	所有网络游戏必须接入国家新闻出版署网络游戏防沉迷实名验证系统，所有网络游戏用户必须使用真实有效身份信息进行游戏账号注册并登录网络游戏，网络游戏企业不得以任何形式（含游客体验模式）向未实名注册和登录的用户提供游戏服务	5
	不良信息过滤	网络服务提供者发现用户发布、传播含有危害未成年人身心健康内容信息的，应当立即停止传输相关信息，采取删除、屏蔽、断开链接等处置措施	5
	网络安全等级保护	网络运营者应当按照网络安全等级保护制度的要求，履行安全保护义务，保障网络免受干扰、破坏或者未经授权的访问，防止网络数据泄露或者被窃取、篡改	5

续表

维度	指标	具体内容	分值
防沉迷（综合）管理（30分）	时间管理	所有网络游戏企业仅可在周五、周六、周日和法定节假日每日20时至21时向未成年人提供1小时网络游戏服务，其他时间均不得以任何形式向未成年人提供网络游戏服务	10
	权限管理	根据系统设置的安全规则或者安全策略，用户可以访问而且只能访问自己被授权的资源	10
	消费管理	网络游戏企业不得为未满8周岁的用户提供游戏付费服务；同一网络游戏企业所提供的游戏付费服务，8周岁以上未满16周岁的未成年人用户，单次充值金额不得超过50元人民币，每月充值金额累计不得超过200元人民币；16周岁以上的未成年人用户，单次充值金额不得超过100元人民币，每月充值金额累计不得超过400元人民币	10
应急投诉和举报机制（10分）	投诉和举报渠道	公开投诉、举报方式等信息及时受理并处理涉及未成年人的投诉、举报	5
	应急预案和机制	制定网络安全事件应急预案，及时处置系统漏洞、计算机病毒、网络攻击、网络侵入等安全风险；在发生危害网络安全的事件时，立即启动应急预案，采取相应的补救措施	5
隐私和个人信息保护制度（15分）	保护未成年人隐私权和个人信息	个人信息收集使用规则、如何保护个人信息、个人权利、如何处理儿童的个人信息、个人信息如何在全球范围转移、本政策如何更新、如何联系	10
	防止游戏链接或广告推送	中共中央网络安全和信息化委员会办公室、教育部联合下发《关于进一步加强涉未成年人网课平台规范管理的通知》，防止游戏链接或广告推送	5
科学普及和宣传教育（10分）	未成年人保护相关活动及开放日	设立未成年人开放日，为未成年人主题教育、社会实践、职业体验等提供支持	5
	科学普及宣传	鼓励科研机构和科技类社会组织对未成年人开展科学普及活动	5

二、实证分析

（一）网络游戏平台各维度差异明显，改进和提升空间大

如图附 1-2 所示，根据对平台相关文本进行分析，网络游戏平台的总分为 71.74 分，22 个网络游戏平台总均分为 71.7 分。网络游戏平台的各维度得分分别为：信息提示得分为 15.14 分，技术保护得分为 11.73 分，防沉迷（综合）管理得分为 22.73 分，应急投诉和举报机制得分为 8.68 分，隐私和个人信息保护制度得分为 11.64 分，科学普及和宣传教育得分为 1.82 分。网络游戏平台在各维度的得分表现差异明显，其中科学普及和宣传教育维度的得分没有超过该维度分值的一半，有很大的改进和提升空间，其余五大维度基本超越了各自分值的一半。

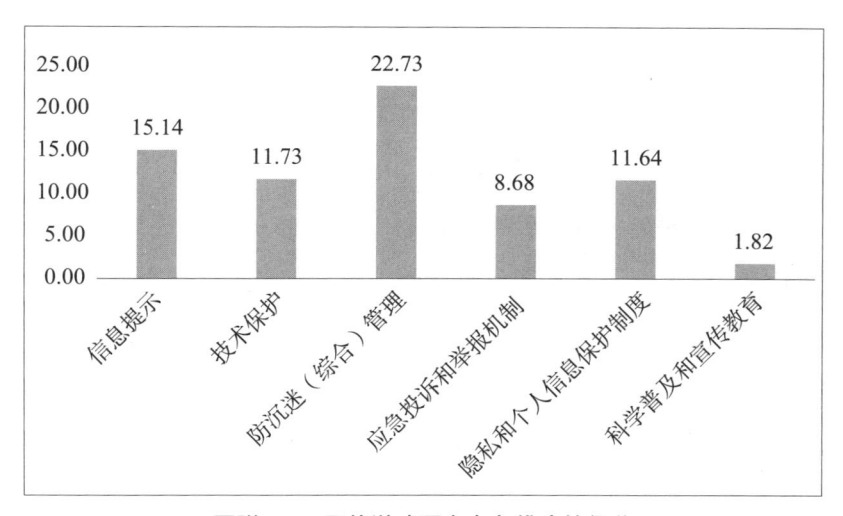

图附 1-2 网络游戏平台在各维度的得分

网络游戏平台六个维度相对得分的雷达图见图附 1-3（以每一个维度的总分值为 1，得分值除以总分值，即为该维度的得分比例值）。

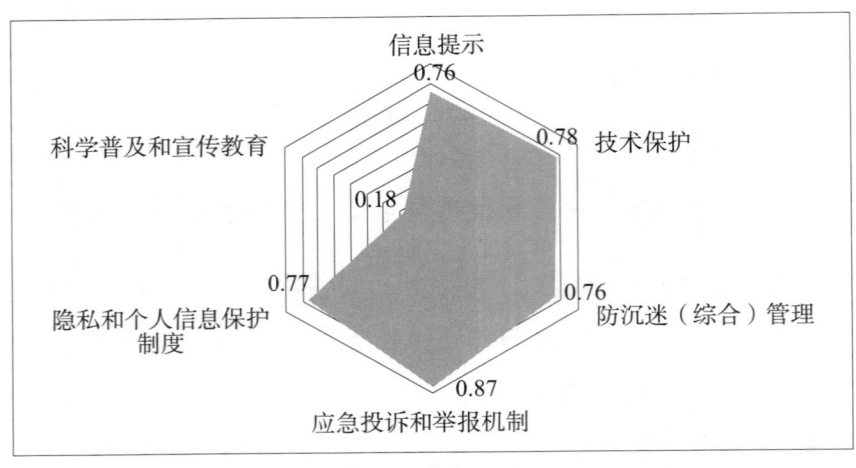

图附 1-3　网络游戏平台六个维度相对得分的雷达图

（二）信息提示功能欠缺

该维度总分为 20 分，平台平均分为 15.1 分，网络游戏平台在信息提示方面的功能仍有待进一步完善。在网络产品或信息提示中，对于包含可能影响未成年人身心健康的网络色情、暴力等内容，仅有少数平台以显著方式进行提示。从平台发布的用户协议及相关条例可以看出，对于此类信息，大多平台是在"用户协议"中的"用户行为规范"章节以"不正当游戏行为"进行列举，并且约束的是整个用户群体，未对未成年人进行划分。在私密信息提示中，只有较少平台做到了提示和保护。在适龄提示中，大多数平台对游戏产品进行了适龄分类，在游戏平台官网或者下属的游戏品类都能看到相应的适龄标识，根据游戏的适龄规范对旗下产品进行了分类。在风险提示方面，各游戏平台没有明确指出，大多在用户协议中以免责声明的方式呈现。

（三）技术保护加强

该维度总分为 15 分，平台平均分为 11.7 分。大部分游戏平台都按照国家法定要求进行了网络游戏电子身份认证，并将其纳入防沉迷系统中，但部分平台仍存在虚假注册现象。在不良信息过滤方面，各游戏平台仅在相关条例中对用户行为进行约束，对于不良言论会设定敏感字进行屏蔽。在网络安全等级保护方面，只有少数平台明确写出了相关内容，例如：某平台在用户协议和隐私条款中表明其已通过了国家网络安全等级保护（三级）的备案和测评。

（四）防沉迷（综合）管理中权限管理落实不足

该维度总分为 30 分，平台平均分为 22.7 分。在防沉迷（综合）管理建设上，多数平台设立了"网络家长监护工程"，对于未成年人的上线时长和时段、消费额度、游戏权限进行了设定和规定，如：不参与可能耗费较多时间的游戏设置；不玩大型角色扮演类游戏，不玩有 PK 类设置的游戏；在时间管理上，收集登录时间、游戏时长等信息，通过从系统层面自动干预和限制未成年人游戏时间、启用强制下线功能等方式，引导未成年人合理游戏；在消费管理方面，进行严格的消费限制，7 岁以下的未成年人禁止付费，8—15 岁的未成年人月充值在 200 元以下，16—17 岁的未成年人月充值在 400 元以下，对于充值大于 400 元的用户自动触发支付二次人脸识别。在权限管理方面，大多数平台都没有对未成年人可以访问而且只能访问的资源进行明确规定和落实，这也给未成年人安全、健康地参与网络游戏埋下隐患。

（五）应急投诉和举报机制完备，应急措施效果有待提升

该维度总分为 10 分，平台平均分为 8.7 分。在应急投诉和举报机制的设立上，大致分为两类：一类是为未成年人设立的投诉渠道或家长客服，如建立未成年人主动服务平台，在疑似未成年人消费后尝试联系其监护人进行提醒、确认与处理，通过未成年人教育咨询专线联系；设立了儿童个

人信息保护负责人和举报电话；设立了家长监护专线等。另一类则是该平台的游戏客服热线可以提供相应的综合服务。除此之外，各游戏平台官网的底部也设有相应的政府监督举报部门的网站跳转标识。

在应急预案和机制的设立上，各游戏平台并没有明确的介绍，大多是在用户协议和隐私条款之中涉及相关内容，例如，"若发生个人信息泄露等安全事件，会启动应急预案"，并且设有"安全应急响应中心"；"采取物理防护、安全技术、管理制度，若发生儿童个人信息泄露等安全事件，我们会启动应急预案，阻止安全事件扩大"等。

（六）隐私和个人信息保护制度得分较高，广告推送存在风险

该维度总分为15分，平台平均分为11.6分。对于未成年人隐私和个人信息的保护，各游戏平台都进行了相关条例的陈述。不过，也有游戏平台并没有设置单独的未成年人隐私保护的相关条例，将未成年人隐私保护整体划入了用户隐私条例之中。

在广告推送方面，有部分平台发布了免责声明，表明"第三方在平台中投放的广告、链接或者其他形式的推广内容，均是由其自行提供的，应当自行判断其真实性，平台对其推广内容不作任何明示或者默示的担保"，在防止广告推送方面并未制定相应对策。

（七）科学普及和宣传教育亟待加强

该维度总分为10分，平台平均分为1.8分。调研发现，仅有少数游戏平台进行了相关科学普及和宣传教育活动。一些大的平台如腾讯游戏等组织开展了相应的网络训练营、开放日等未成年人保护活动，同时在策划游戏时也积极与传统文化联名，达到了宣传教育的目的。总体而言，科学普及和教育学习活动较少。从网络游戏平台六个维度来看，所挑选的22个网络游戏平台维度得分情况，除"科学普及和宣传教育"维度之外，其余

维度的得分值占该维度总分的均值较稳定，基本都在76%以上，其中"应急投诉和举报机制"维度分值情况最好，达87%。网络游戏平台五大维度得分相对稳定，得益于政府出台的一系列文件要求在近年间逐渐提高网络游戏平台的未成年人保护水平，虽然平台的"防沉迷（综合）管理"负面信息较为集中，但随着平台逐年的整改和调整，使防止未成年人网络沉迷、网络隐私保护等方面的工作得到了很好的完善，建构起较好的未成年人网络保护生态体系。

三、加强网络游戏平台未成年人保护的政策建议

（一）进一步完善未成年人网络游戏的分级分类标准

一是进一步落实游戏实名认证制度，严厉打击租号行为。目前，国家层面的实名验证系统已全面建成，要求所有上线运营的游戏必须全部接入。一方面，督促企业平台下的游戏全部完成接入国家层面的实名认证系统；另一方面打击租号行为，有的平台在网上租售成年人账号，干扰和影响了游戏管理秩序。

二是进一步规范适龄提示和用语要求。《中华人民共和国未成年人保护法》第75条规定，网络游戏服务提供者应当按照国家有关规定和标准，对游戏产品进行分类，作出适龄提示，并采取技术措施，不得让未成年人接触不适宜的游戏或者游戏功能。[1]应当向国外游戏分级制度借鉴学习，完善我国的网络游戏分级制度，如中国音数协在2020年度中国游戏产业年会上发布了《网络游戏适龄提示》团体标准，其中，适龄提示的标识符以三个

---

[1] 中华人民共和国未成年人保护法［EB/OL］.（2020-10-17）. http://www.npc.gov.cn/npc/c30834/202010/82a8f1b84350432cac03b1e382ee1744.shtml.

不同的年龄为标准，分别为绿色的 8+、蓝色的 12+、黄色的 16+，[①] 与国外游戏分级制度的明显不同之处在于，可能会引起歧义的 18+ 年龄段并未列入标准之内；建议进一步建立不同年龄阶段（3+、8+、12+、16+）的游戏内容体系，强化游戏的社会价值功能。适龄提示用语除了严格限制未成年人游戏时段、时长和消费外，还需要客观介绍游戏，对游戏带来的问题进行提示。

三是推动制定未成年人网络保护行业规范和行为准则。要加强包括游戏产品分类标准、适龄提示评价指标、家长监护平台技术标准在内的标准化体系建设，为适龄提示标准的应用落地提供可靠的支撑和保障，丰富未成年人使用网络游戏时进行有效保护的方式和手段，将相关风险化解在造成危害之前。进一步完善《家长监护平台规范》《网络游戏术语》《游戏精品评价规范》等游戏行业团体标准，致力于推动中国游戏行业更趋规范和健康。

（二）健全信息保护机制，明确应急保护措施及广告推送策略

一是建立完善的信息提醒和信息保护机制，应当对于风险信息进行筛选，对于相关内容附以提醒消息，同时对于隐私信息也需加以提醒，未成年人对于隐私信息的认知不清，以防信息泄露，应当建立完善的隐私保护机制，并且在填写私密信息流程前加以文字提醒。

二是设置系统的应急投诉和举报机制，设立未成年人教育热线、政府举报等模块，让社会和家长放心，政府部门可以和平台联合，保障未成年人合法权益，同时对于网络游戏内部的广告推送也应重视其内容是否合规，对于外部推送的管理不能只停留在免责声明，应当站在未成年人保护的视角下进行规范操作。

---

① 游戏产业网.一图详解《网络游戏适龄提示》团体标准［EB/OL］.（2020-12-28）. http://www.cgigc.com.cn/details.html?id=eaba10e1-0407-4afd-aeb5-9ca4d80338ad&tp=news.

（三）鼓励游戏产业转型升级，消费型游戏向功能性游戏转型

一是推进游戏产业战略转型升级，搭建儿童友好发展型互联网平台。在目前的游戏市场上，消费型游戏占据了游戏市场的较大份额，消费型游戏以盈利为主要目的，在一定程度上对于未成年人的吸引力更强，容易导致未成年人过度消费、游戏成瘾的问题发生，在未成年人保护方面网络游戏平台应当着力产业转型、游戏类型转型，优化面向未成年人的互联网产品结构，发挥教育功能，陪伴、助力未成年人健康成长，让未成年人在游戏中学到有益的内容知识。

二是着力开发功能性游戏。功能性游戏旨在让玩家在游戏中学习解决现实情景中的问题，能让玩家学习知识，锻炼技能，游戏平台应当开发益智类、科普类、教育类游戏，从而在学习形式上做到创新，力求让未成年人在玩中学、在学中乐。

（四）发挥游戏的正向价值，完善科普教育新体系

一是创新科普教育，主动"走出去"和"引进来"，通过"走出去"加强网络游戏平台与传媒和专业科普组织的合作，充分利用未成年人对于网络游戏的兴趣，开展兼具互动性和沉浸性的教育科普活动，同时将此类活动"引进来"，将科普活动、公益项目引入校园，鼓励未成年人积极参与此类社会实践活动，在社会实践中正确引导未成年人的价值观，赋能青少年网络素养。

二是从机构设置上完善教育新体系，倡导组建青少年科普机构，设立科普岗位，完善相关管理制度，做到通过政府机构发力丰富青少年的社会实践活动，为青少年的社会实践活动保驾护航，对于网络游戏平台的线下活动起到监督作用。通过政府部门的参与，串联起学校、平台的合作，使科普教育新体系更加完善。

附录2

热直播下的冷思考：互联网直播平台未成年人保护现状、问题及对策建议（2021）

周怡帆　王美力[*]

摘要：具有强互动性和高实时性的网络直播作为一种新型传播形式在近几年发展迅猛，目前已渗透到网络生活的方方面面。在带来便利的同时，也出现了未成年人沉迷观看直播、大额打赏、观看不良低俗内容、打造未成年网红等诸多影响未成年人身心发展的社会问题。我国自2016年起就已出台系列法律法规进行规定，各大直播平台亦有所行动，但就目前来看，直播平台在未成年人保护上仍有较大不足。本文采用内容分析法、文本分析法和专家法，就21个直播平台的用户协议、隐私条款文本内容和正负面舆情新闻进行分析，并总结出目前直播平台未成年人保护现状、特征和不足之处，并提出对策建议。

关键词：网络直播；未成年人保护；用户协议；隐私条款

自"直播元年"（指2016年）以来，游戏、电商、真人秀、演唱会、体育等多个行业都借助直播形式展开，网络直播发展速度快、影响力大，其以丰富的内容、多样的形式、高度的互动性和实时性吸引了不少未成年

---

[*] 作者简介：周怡帆，北京师范大学新闻传播学院2020级硕士研究生；王美力，北京师范大学新闻传播学院2021级硕士研究生。

网民。未成年网民作为我国网民结构中的重要组成部分，不仅观看网络直播，甚至还有不少未成年人注册成为网络主播。然而网络直播内容良莠不齐，平台监管不力，其中存在不少违背社会主义核心价值观，给青少年身心发展带来不利影响的情况。我国自2016年起陆续发布了系列文件法规：《互联网直播服务管理规定》《网络表演经营活动管理办法》《关于加强网络秀场直播和电商直播管理的通知》《中华人民共和国未成年人保护法》《防范未成年人沉迷网络倡议书》等都对网络直播中未成年人保护做出了相关规定，网络直播平台应当认真执行国家各项规定，承担平台主体责任，保护未成年人成长发展。

一、研究背景与研究问题

根据中国互联网络信息中心（CNNIC）第51次《中国互联网络发展状况统计报告》显示，截至2022年12月，我国网络直播用户规模达到7.51亿，同比增长4728万，占网民整体的70.3%。[1] 同时2022年共青团中央发布的《2021年全国未成年人互联网使用情况研究报告》显示，我国未成年网民规模达到1.91亿，未成年人的互联网普及率达到96.8%。未成年人接触互联网的低龄化趋势明显，已成为我国网民的重要群体。[2] 未成年人身心发展不成熟，在世界观、人生观、价值观尚未完全形成的情况下，他们很容易受到外界影响。"主播诱导未成年人打赏""直播宣传未成年妈妈""儿童沉迷网络直播""网红儿童"等新闻层出不穷，可见部分网络直播在未成年人成长发展中产生了不利影响。

---

[1] 中国互联网络信息中心. 第51次中国互联网络发展状况统计报告［EB/OL］.（2023-08-07）. https://www.cnnic.cn/NMediaFile/2023/0807/MAIN169137187130308PEDV637M.pdf.

[2] 2021年我国未成年人互联网普及率提升1.9个百分点［N］. 新华网，2022-11-30.

我国自 2016 年起发布了系列规定，对网络直播未成年人保护方面进行了规约。2016 年国家通过《互联网直播服务管理规定》对互联网直播进行定义并规定网络直播应有准入资质，网络直播服务提供者应该建立直播内容审核平台进行内容审核。2020 年修订的《中华人民共和国未成年人保护法》"网络保护"专章中对注册网络主播的主体进行了年龄限制，要求未满 16 周岁的未成年人不得注册主播；并且规定无论是网络游戏、直播、音视频等都应该对未成年人进行时间、权限、消费等的专门管理。2020 年 11 月 12 日，国家广播电视总局《关于加强网络秀场直播和电商直播管理的通知》对打赏行为进行管理，要求用户必须实名认证，未成年用户不得打赏。

2021 年 6 月 1 日，中国互联网协会发布的《防范未成年人沉迷网络倡议书》建议，网络服务者应该提供绿色健康的信息内容和网络文化产品，并利用技术遏制不良信息传播。2021 年 7 月 21 日，中共中央网络安全和信息化委员会办公室启动"清朗·暑期未成年人网络环境整治"专项行动，严肃查处炒作"网红儿童"行为，严厉禁止 16 周岁以下未成年人出镜直播行为和诱导未成年人打赏行为。2021 年 9 月 27 日，国务院印发《中国儿童发展纲要（2021—2030 年）》，其中更是明确提出要加强未成年人网络保护。

同时，部分直播行业自律规范中也提到了未成年人保护问题。针对未成年主播的问题，陌陌、百度、新浪、花椒等直播平台于 2021 年 6 月 1 日共同提出的《关爱成长　呵护未来——网络表演（直播）行业保护未成年人行动倡议》中指出，网络直播平台应该坚持最有利于未成年人的原则进行产品、运营和内容设置，全方位建立未成年人保护机制[1]。

---

[1] 赵艳艳. 筑牢未成年人保护网　网络表演（直播）行业发布保护未成年人行动倡议［EB/OL］.（2021-06-01）. https://it.gmw.cn/2021-06/01/content_34890761.htm.

系列法律法规与行业相关规定的发布显示出国家对于未成年人网络直播参与的关注和未成年人保护的重要性。网络直播平台作为重要的政策执行者，需要积极承担责任，保护未成年人权益不受侵害。本研究旨在通过平台用户协议和隐私条款确认网络直播平台在未成年人保护的各个维度具体实施情况，并针对该平台在未成年人保护方面的新闻报道进行辅助分析，全面分析其在未成年人保护方面的努力与不足，并提出相应建议。

二、研究方法与指标构建

（一）研究方法与对象

本研究采用内容分析法和文本分析法，针对网络直播平台的"未成年人保护"相关新闻及其用户协议、隐私条款中涉及的文本内容，进行量化分析。用户协议与隐私条款作为消费者使用网络直播平台时必须、首要阅览通过的平台协议，也是网络直播平台和用户都必须遵守的使用协议，可以看作用户和平台间共同签署的合同，用户协议与隐私条款可以反映出网络直播平台在各个维度对消费者权益的保护状况、重视程度与相关措施。平台相关新闻能够反映出网络直播平台在未成年人保护中的整体形象与相关问题。因此，本研究选用平台与未成年人保护相关的新闻与平台协议、隐私条款中的文本内容进行分析。

具体而言，本研究依据互联网网络直播平台的排行榜及安卓、苹果应用商店中 App 下载量排行榜，综合选取下载量大、知名度高的 21 个网络直播平台（见表附 2-1），作为网络直播平台代表样本进行分析。确定样本后，通过搜索"平台名称 + 未成年人"，在百度平台通过选取 21 个网络直播平台在 2020 年 6 月 1 日—2021 年 10 月 1 日间涉及未成年人保护的相关新闻报道，剔除重复新闻后，共计 1720 条。

表附2-1　21个网络直播平台代表样本

抖音直播	斗鱼直播	KK直播	快手直播	映客直播
CC直播	YY直播	虎牙直播	花椒直播	龙珠直播
美拍直播	企鹅电竞	小红书直播	一直播	战旗直播
哔哩哔哩直播	么么直播	六间房直播	淘宝直播	陌陌直播
蘑菇街				

（二）指标构建

本研究主要采用专家咨询法进行维度划分和指标拟定，以《中华人民共和国未成年人保护法》《儿童个人信息网络保护规定》《关于加强网络秀场直播和电商直播管理的通知》《关于规范校外线上培训的实施意见》《关于进一步加强涉未成年人网课平台规范管理的通知》等10多项法规政策为框架，将直播平台的未成年人保护行为分为信息提示、技术保护、防沉迷（综合）管理、应急投诉和举报机制、隐私和个人信息保护制度、科学普及和宣传教育等六个维度，并细分为16个指标（见表附2-2），利用专家咨询法确定每个维度和指标的分值，总计100分。通过量化指标分析直播平台未成年人网络保护的现状、特征与不足，并提出改进建议。

本研究对21个直播平台的用户协议、隐私条款等进行文本分析，并对照专家建立的指标体系，逐项进行调研验证。指标评价信息需满足以下基本原则：第一，可靠性，即信息来源真实可信；第二，实质性，即信息能准确反映互联网平台在所有指标下的表现；第三，时效性，即信息符合当前研究的时间范围。

表附2-2　互联网平台未成年人网络保护指标体系

维度	指标	具体内容	分值
信息提示（20分）	网络产品或信息提示	产品中包含网络色情、暴力等内容，应显著提示	5
	私密信息提示	未成年人发布私密信息时，应及时提示，并采取必要保护措施	5
	适龄提示	根据产品的适龄性进行分类，并进行提示	5
	风险提示	对网络中可能存在的诈骗、欺凌、暴力、色情等风险进行提示	5
技术保护（15分）	真实身份信息注册	要求未成年人以真实身份信息注册并登录网络	5
	不良信息过滤	过滤、删除、屏蔽危害未成年人身心健康内容	5
	网络安全等级保护	能否按照网络安全等级保护制度的要求，履行安全保护义务	5
防沉迷（综合）管理（30分）	时间管理	按照相关规定对未成年人观看直播时间进行限制	10
	权限管理	根据系统设置的安全规则或者安全策略，要求用户访问而且只能访问自己被授权的资源	10
	消费管理	对未成年人打赏进行提示和限制	10
应急投诉和举报机制（10分）	投诉和举报渠道	公开投诉、举报方式等信息，及时处理涉及未成年人的投诉、举报	5
	应急预案和机制	制定网络安全事件应急预案，发生危害网络安全的事件时，立即启动应急预案，采取相应的补救措施	5
隐私和个人信息保护制度（15分）	保护未成年人隐私权和个人信息	未成年人个人信息收集使用保护规则明确合理	10
	防止游戏链接或广告推送	课程直播平台严禁游戏链接或广告推送	5

续表

维度	指标	具体内容	分值
科学普及和宣传教育（10分）	未成年人保护相关活动及开放日	设立未成年开放日，为未成年人主题教育、社会实践、职业体验等提供支持	5
	科学普及宣传	鼓励科研机构和科技类社会组织对未成年人开展科学普及活动	5

三、研究结果与讨论

直播平台六个维度相对得分的雷达图（见图附2-1，以每一个维度的总分值为1，得分值除以总分值，即为该维度的得分比例值）。

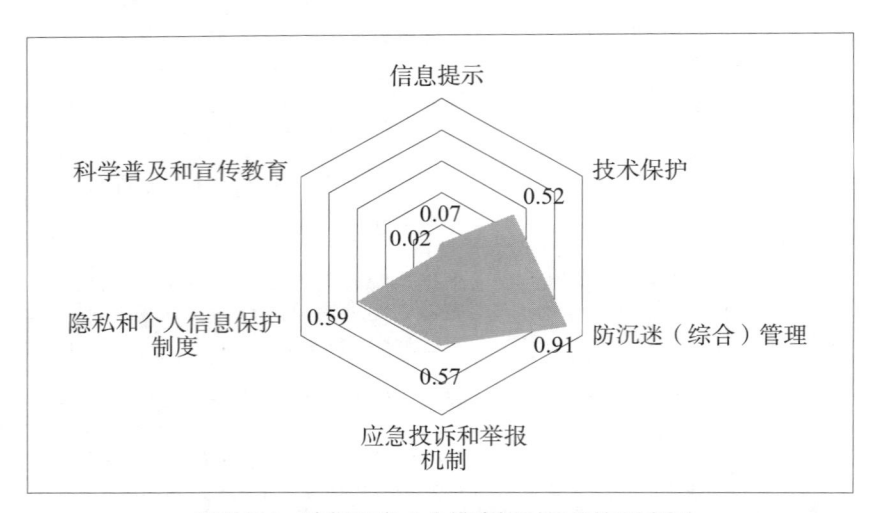

图附 2-1　直播平台六个维度相对得分的雷达图

21个直播平台六个维度16个指标总均分为42.86分，只有33%的平台得分为50分以上。得分最高的平台是抖音直播，为65分；其次为斗鱼直播、快手直播、YY直播等平台。分维度来看，信息提示维度相对得分为0.07分；技术保护维度相对得分为0.52分；防沉迷（综合）管理维度相对得分为0.91分；应急投诉和举报机制维度相对得分为0.57分；隐私和个人信息保护制度维度相对得分为 0.59 分；科学普及和宣传教育维度相对得分为 0.02 分。

（一）直播平台信息提示功能较弱，技术保护十分欠缺

通过数据结果，我们可以看出，直播平台信息提示维度相对得分为 0.07 分，极不乐观。从平台的具体情况来看，尽管部分直播平台会在直播间对可能影响未成年人身心健康的色情、暴力内容加以提示，但在适龄提示方面，绝大部分直播平台用户协议和隐私条款中并未对平台内容适龄与否进行提示，只有么么直播在用户协议中明确指出该平台内容主要是为成年人提供的。在技术保护维度直播平台相对得分为 0.52 分，几乎所有直播平台都未针对未成年人设置严格的准入要求，未要求未成年人进行实名认证，只是在用户协议或隐私条款中指出未成年人应在监护人知情并且同意的情况下使用 App。同时，大部分直播平台并未从技术保护角度强调对不良信息的过滤，仅仅只在用户协议中对用户和主播提出了内容发布方面的要求。在网络安全等级保护方面，抖音直播、映客直播清晰标明了其已通过国家信息安全等级保护三级认证，其他平台则并未标明。

（二）直播平台防沉迷（综合）管理得分虽高，但实际发挥作用和效果不佳

在防沉迷（综合）管理方面，该维度相对得分为 0.91 分。绝大多数平台设置了青少年模式。开启青少年模式后对未成年人使用时长有一定限制，超过使用时长后需要输入密码才能继续使用。但是从实际使用效果来看，平台设置的青少年模式形同虚设，未成年人只需要在超过限定时间时输入密码即可继续使用相关功能，不少青少年会采取各种各样的方法获得密码，甚至在互联网上有相关方法的教学指导。部分青少年还会冒用家中亲属的身份证进行注册，以绕开青少年模式的限制。

开启青少年模式后，无论是在权限管理方面，还是消费管理方面，绝大多数直播平台也没有实质性的限制工具，而仅仅进行使用建议的文字说明。在权限管理上，多数直播平台并未针对未成年人设置合适的安全策略，未成年用户同样可以访问其他直播资源；在消费管理上，直播平台仅提示监护人保管好支付设备、支付账户及支付密码等，以避免被监护人在未取得监护人同意的情况下通过监护人的账号使用充值、打赏等功能，而并无实质性限制措施。比如哔哩哔哩平台仅在条例中要求未成年用户知悉并承诺，在任何情况下不使用任何充值投喂（充值打赏）等相关功能和虚拟增值服务。在消费管理上，也缺少事前对未成年人打赏进行限制的有效措施，大部分解决方案集中在事后反馈退款上。

（三）直播平台应急投诉和举报机制设置效果不佳

应急投诉和举报机制维度相对得分为 0.57 分，相关机制设置效果不佳。从用户协议和隐私条款来看，直播平台均设置了相关反馈渠道。一些平台设置了个人信息保护部门或数据及隐私保护中心，用来接受用户个人隐私相关的反馈、投诉和举报。但同时还有相当一部分直播平台未设置个人信息保护部门，只提供了通信地址和邮箱地址，在实际操作中效果不佳。但是根据搜索到的新闻信息来看，直播平台未成年人隐私泄露情况依旧不少见，而且直播平台投诉举报处理速度慢，平台方拖延、冷处理，并未对实际侵权行为做出有效反馈。更别提部分直播平台并无个人信息保护举措，用户在直播平台使用中的应急投诉渠道欠缺，平台方仅以通信地址、邮箱地址的方式公布个人信息，加大了用户投诉、举报、反馈的难度，使未成年人在面对网络直播侵权或伤害时无法进行有效投诉。且存在部分直播平台以平台主播和流量为要，并不重视未成年用户的反馈情况。

（四）直播平台的隐私和个人信息保护制度仍存在漏洞

隐私和个人信息保护制度维度相对得分为 0.59 分。通过分析发现，直播平台基本都设置了涉及保护未成年人隐私权和个人信息安全的协议与措施。在隐私保护方面，各大直播平台均列出了未成年人条款，但基本仍围绕监护人的责任展开，平台自身并未主动承担责任。各平台隐私条款中关于未成年人信息保护的论述可以概括为以下三点：第一，未成年人必须在监护人的同意之下创建自己的账户；第二，在法律允许、父母或其他监护人明确同意下或者必要情况下收集、使用、共享或披露未成年人的个人信息；第三，如果发现在未获得监护人同意的情况下收集未成年人个人信息的，应尽快删除相关信息。

比如在内容方面，抖音直播平台仅对用户进行提示慎重发布未成年人相关内容，但是内容一经发布，就视为允许抖音直播平台使用和处理相关内容，无论其是否包括未成年人影像、声音等个人信息，其并未从技术上和平台方对未成年人隐私内容进行保护。而部分 App（如一直播）甚至没有隐私政策与用户协议相关入口。在完成注册后，因首页下拉会不断更新直播视频，用户无法点击查看其隐私政策。

（五）直播平台的科学普及和宣传教育十分薄弱

科学普及和宣传教育维度相对得分为 0.02 分。通过搜集资料发现，只有抖音直播平台曾开展过与未成年人保护相关的开放日活动，其他直播平台在此方面比较薄弱，仍需加强。直播平台并没有积极主动承担起科学普及和科学育人的责任，仅将未成年用户作为普通用户对待，没有注意到未成年用户的学习需求和特殊内容需求，仍然以发布成年用户常见内容为主，并未针对未成年用户进行相关科学教育内容池的打造，其对教育的宣传也十分薄弱，基本以娱乐为主。

部分直播平台设置了青少年模式，但是开启入口隐藏较深，很多家长并不知道直播平台青少年模式的存在。因此各直播平台还应该将青少年模式进行广泛科普，积极承担直播平台方的主体责任，引导未成年人的监护人开启青少年模式，并向家长普及未成年人保护行为和方法，指引家长合理尽到自己的监护人责任，并告知家长具体操作流程，而不是仅仅在隐私政策条例中简单将责任推卸给未成年用户的家长。

（六）直播平台负面新闻集中在"不良信息"与"消费管理"

在对各个直播平台的相关新闻信息进行搜索厘清后发现，直播平台中涉及未成年人保护的正面新闻共31条，负面新闻共81条。通过对直播平台的正负面新闻报道数据结果进行不同维度的分析，我们发现，直播平台在未成年人网络保护中整体表现不佳，在"不良信息"和"消费管理"两个方面尤其突出。

从直播平台与未成年人相关的新闻来看，淘宝直播、蘑菇街直播、小红书直播等带货类直播平台，涉及未成年人的新闻内容很少；而一些游戏直播或秀场直播平台则有较多涉及未成年人群体的新闻内容，大部分负面新闻集中在"不良信息"与"防沉迷（综合）管理"上，重灾区是"消费管理"。从分维度来看，其中，信息提示维度分数较低的有快手直播，主要是存在未成年人模仿快手直播中危险行为的相关新闻报道。技术保护维度分数较低的有斗鱼直播、花椒直播等，主要是存在低俗色情等不良信息内容。在防沉迷（综合）管理维度，虽然有关于抖音直播、斗鱼直播等平台青少年防沉迷机制的正面报道，但负面报道仍占绝大多数，主要是指出了一些平台青少年模式形同虚设的问题。"应急投诉和举报机制"以及"隐私和个人信息保护制度"两个维度所涉及的新闻量极少，主要集中在各个平台出台相关政策对《中华人民共和国未成年人保护法》进行响应。而在"科学普及和宣传教育"维度，除了抖音直播之外，其他直播平台都没有开展未成年人保护开放日活动。

值得一提的是，虽然部分平台积极响应政策号召，声称将加强对未成年人使用直播平台打赏消费的管理，但未成年人在其平台巨额消费打赏的负面新闻仍屡见不鲜，可见未成年人在直播平台打赏消费的管理与控制并未落到实处。涉及"不良信息"的负面新闻主要是有关平台直播的"低俗色情信息"。从"信息提示"可以看出，绝大部分平台缺少与未成年人相关的信息提示及风险提示，缺少内容分级，未进行具体、有效的过滤与筛查，导致未成年人极易受到负面信息的影响。而在科学普及和宣传教育上，只有极少数平台开展过相关活动，并且是由当地检察院或法院联合平台开展的，平台自行开展的活动几乎没有。

四、对策与建议

（一）严格执行国家法律法规，遵守行业规范标准

我国自 2016 年以来针对网络直播未成年人保护问题出台了一系列法律法规，就未成年人账号注册原则、网络直播内容建设、网络信息提示要求、网络直播消费等问题都做出了明确规定。2021 年 9 月 27 日，国务院印发的《中国儿童发展纲要（2021—2030 年）》明确提出要加强未成年人网络保护。网络直播平台应该根据未成年人使用特性对其进行相应的时间、权限、消费、内容等方面的管理。互联网直播平台方应该严格按照国家要求，切实做到合法合规，严禁未成年人注册主播账号，并封禁未成年人账号打赏功能。网络直播平台在提供网络表演（直播）内容时，要严格审核内容，实时监督直播表演，管理好用户互动环节。网络直播平台必须承担主体责任，保证直播内容合法、经营有序，来源可查，责任可究。同时直播平台应该从技术保护角度做好不良信息过滤，避免未成年人在网络直播中受到不良信息的冲

击和伤害。

（二）加强防沉迷（综合）管理，打造青少年模式，打造青少年优质内容池

青少年保护模式是网络直播平台防沉迷（综合）管理的重要措施，目前很多网络直播平台虽然设置了青少年模式，但却形同虚设。直播平台应该严格遵守国家规定，在现有青少年模式的基础上进一步优化功能设置，提高未成年人身份识别的准确性，增强未成年人保护的有效性。在管理上，注册账号时要进行人脸识别，严格检查其身份，确保未成年人无法冒用成年人信息注册。直播平台在消费管理——未成年人打赏问题上应该做好事前限制，而非事后补救。平台方应该严格遵守国家要求，对未成年人直播打赏、充值、提现等功能进行严格限制，拒绝为青少年开通打赏功能。同时，平台应该禁止为未成年人开通直播账号，拒绝其参与直播行为，并对其观看行为进行一定限制，在观看时长、观看内容和观看互动行为上都进行相应的约束。

同时，平台方应该更新管理观念。首先，"青少年模式"不是以监管孩子为目的，而是为了更好地服务青少年。在限制时长和内容之外，平台方还应该努力将直播平台变成培养青少年兴趣、拓展青少年视野、促进青少年学习成长的渠道。其次，平台设置需要考虑受众的身心特点和需求，进一步丰富和细化平台供给的内容池，为青少年提供的内容能够匹配他们的年龄和需求。网络直播平台上线"青少年模式"，不仅要保护未成年人免受网络不良信息的侵害，更要促进其成长，赋能其发展。目前"青少年模式"还停留在限制未成年人观看部分直播内容的阶段，"青少年模式"下的直播内容吸引力不足，丰富度不够，少有未成年人主动开启"青少年模式"，大多依赖家长的监督。因此，直播平台应该考虑未成年人身心发展的差异性和特殊性，根据不同年龄段的需求，为未成年人定制精彩的专属内容，激发其自主开启青少年模式的动力。

（三）发挥直播即时功能，助力科普宣传教育

网络直播形式多样、设备简单，其形式打破了传统知识传播和理解的壁垒，其强互动性和即时性带来的强反馈使得科普知识变得容易起来。而网络直播以社交为纽带进行知识共享，让知识可以触达更多的用户，可以推动实现知识"普及"和"惠及"，甚至推动全民科普时代的到来。直播平台可以通过与专业的科普机构、青少年教育机构开展合作，利用直播平台的产品即时性特征优势赋能科普内容，让更多的青少年用户能通过网络直播平台点燃对科学的热情。同时，直播平台可以邀请科学家以及优质科普号入驻，发起线上科普直播活动，并带动线下青少年科学教育活动，线上线下联动，推动科普事业发展。

互联网直播平台要主动"走出去""引进来"，积极开展多元互动、参与体验沉浸式的科学普及和教育活动，以及志愿服务活动，发挥社会大课堂育人的作用。通过互联网平台"引进来"，开放优质科学教育活动和资源，设置和完善开放日活动，让青少年走进互联网直播平台，揭开"神秘面纱"；通过互联网直播平台"走出去"，通过设立科普基金、资助科普项目、与专业科普组织进行合作等方式，助力科技创新，并及时发布更新最新科技成果。通过这些公益活动，落实社会责任，实现社会价值创新和可持续发展。

（四）加强协同，织密政府、企业、家庭、学校四位一体的保护网

网络直播蓬勃发展之际，要做好未成年人保护，需要以互联网思维模式和社会化思维模式重新认识政府、企业、家庭、学校这四大主体在网络直播平台治理中的功能和作用，要深刻意识到四者是基于未成年人保护的

共同目标、共同利益的伙伴关系。《中华人民共和国未成年人保护法》落地是一个协同合作的复杂系统，不仅政府要有所作为，家长要有所作为，社会各个方面都要有所作为，构筑安全保护网。

政府针对直播中的突出问题、重点工作开展专项治理，形成畅通的合作机制。各地网信部门全面监察和清理网络直播中危害未成年人身心健康的违法违规内容，监督直播平台切实履行主体责任。推动全社会共同努力，建立未成年人网络保护长效工作机制，为未成年人营造绿色上网、文明上网的良好氛围。网络直播相关企业同样要做到合法合规，推动青少年模式落到实处，并不断升级保护机制。切实承担平台责任，依靠技术手段屏蔽不利于未成年人的信息内容，并不断扩建适合未成年人观看的专属内容池。家庭和学校在未成年人保护上需要承担相应责任。学校应开展青少年网络素养课程，引导青少年科学合理使用互联网直播，培养学生的网络信息获取、辨别、分析、批判、学习等各种能力。学校还应关注孩子成长过程中的变化，根据发现的问题及时采取措施，防止未成年人被直播中的不良信息侵害。对于未成年人的网络保护，家长的引导至关重要。在青少年接触网络时，家长要尽到网络教育职责，一方面树立良好榜样，另一方面做好限制与保护。同时，家长应该注重情感上与孩子交流互动，多多陪伴，培养孩子健康的兴趣爱好，避免其因精神世界空虚而沉迷网络直播。

未成年人网络直播使用问题无法靠任何一方单独解决，政府的监管、企业的自律与约定、家庭的保护和限制、学校的培养与引导缺一不可。相关政府部门、企业、家庭、学校等各方联动协同，形成未成年人的保护矩阵，多方力量共同努力，拉起未成年人网络直播使用安全保护线，才能使青少年在网络直播中权益受到全面保护。

附录 3

挑战与共生：社交平台未成年人保护现状、问题及对策建议（2021）

王秋懿　韩林珊[*]

摘要：随着互联网的发展，网络社交平台在很大程度上改变了人们传统的社交方式，拓宽了社交范围，但也给尚在生长发育期的未成年人保护带来严峻挑战。本文采用文本分析法，通过对 20 个社交平台的用户协议、隐私条款等文本进行分析，系统阐述了当前社交平台未成年人网络保护方面的现状和存在的问题，并提出加强网络社交平台未成年人保护的对策建议。

关键词：社交平台；未成年人保护；网络保护；隐私条款

一、研究背景

随着科技的发展和普及，使用网络的人群渐多，青少年在网络用户群体中占较大比重，与此同时，人们首次接触网络的时间也逐渐变早，未成年人已成为网络新兴力量中重要的一极。我国网民增长的主力群体呈现出不断年轻化的趋势，大批未成年人加入网民队伍。国家先后制定了青少年

---

* 作者简介：王秋懿，北京师范大学新闻传播学院 2020 级硕士研究生；韩林珊，北京师范大学新闻传播学院 2021 级硕士研究生。

保护的系列政策文件，为儿童生存、发展、受保护和参与等权利的实现提供了重要保障。在如此的大环境下，未成年人网络保护相关的工作变得十分关键和重要。2020年10月，《中华人民共和国未成年人保护法》被重新修订，特别添加了"网络保护"专章。2021年9月，国务院印发《中国儿童发展纲要（2021—2030年）》，该纲要重点提及了网络的监管，强调全社会要强化对于使用网络的未成年人的监管和保护。由此可见，持续针对还在成长中的未成年人进行网络保护，营造清朗健康的网络空间，俨然已成为全社会的共同命题。

在这样的网络发展趋势下，社交类产品逐渐变成人们日常生活中的必备需求，而青少年则成为网络在线用户的重要构成部分。2021年7月20日，我国《2020年全国未成年人互联网使用情况研究报告》发布，如今未成年的网民上网开展社交活动的主要途径之一是利用即时的移动通信工具进行网络聊天，而未成年群体的网络交往行为大部分形成于初中学习阶段。[1] 学者们普遍认为，未成年人在网络社交媒体使用过程中存在因年龄不足而带来的潜在问题，例如目的不明确，依赖严重，缺乏网络诚信等（王传芬，2013）[2]，多个实证研究还表明，在使用网络的过程中，部分大学生都缺乏网络自我管理能力（焦晓云，2015）[3]，从而可以得知在未成年人阶段学生没有建立起足够完善的健康使用网络的能力。广大未成年人由于涉世未深，心智尚未成熟，加上社交媒体平台对未成年人的保护机制尚不完善，在使用社交平台时，未成年人往往面临着个人合法权益被侵害却无法进行有效自我保护、无法完全合理分辨社交网络上的繁杂信息等困

---

[1] 共青团中央维护青少年权益部，中国互联网络信息中心.2020年全国未成年人互联网使用情况研究报告[N].中国青年报，2021-07-20.

[2] 王传芬.学生网络使用行为及对策分析：以德州市为例[J].教学与管理，2013（8）：56-58.

[3] 焦晓云.移动互联网时代提升大学生网络素养的对策[J].学校党建与思想教育，2015（15）：83-85.

境，可能给他们的学习和成长造成诸多不良影响，如何为未成年群体的线上社交保驾护航，清除现实问题和潜在风险，成为社会各方广泛关注的议题。

近年来，中国各大网络平台已渐渐进入了有效管理与标准化管理阶段，"青少年模式"也日益完善，社交平台也纷纷参与其中，但部分板块尚缺乏行业统一认知与标准，同时也有部分中小型平台乱象频发，严重损害中国互联网生态，抑制产业发展、影响青少年的健康成长。各社交平台目前在青少年保护工作方面做得究竟如何？又该如何进一步加强未成年人网络保护，推动社会多方协同治理，促进行业生态健康发展？

本研究通过对 6 个类型共 20 个社交平台的用户协议、隐私条款、相关正负面新闻进行文本分析，试图全面探究我国目前社交平台在未成年人保护方面存在的问题：

其一，社交平台是否全面落实未成年人保护的法规和政策要求？对该问题，文中针对性地提出改进建议和完善措施，以期为提升社交媒体行业未成年人保护提供理论参考。

其二，社交平台在未成年人保护方面的正负面舆情如何？平台目前的相关新闻以哪些维度较为突出，报道内容偏正面还是负面？对这些问题做出采集及分析。

二、研究方法和技术路线

（一）研究方法

本研究主要采用文本分析法，对综合选取的 20 个社交平台的用户协议、隐私条款等进行文本分析，并对照指标体系，逐项进行调研验证。指标评价信息需满足以下基本原则：第一，可靠性，即信息来源真实可信；

第二，实质性，即信息能准确反映互联网平台在所有指标下的表现；第三，时效性，即信息符合当前研究的时间范围。通过一系列量化评估指标分析国内现有的互联网社交平台未成年人网络保护的现状、特征与不足，并提出改进建议。

本研究还通过在线搜索 20 个社交平台在 2020 年 10 月 1 日—2021 年 10 月 1 日间的相关新闻报道，进行量化分析。通过搜索"平台名称 + 未成年人"，获取这些平台未成年人保护的相关新闻，剔除重复新闻后，对正面新闻赋 1 分，负面新闻赋 –1 分，无关新闻赋 0 分。除去无关新闻后，测算出这些平台的正面报道总分和负面报道总分，以探讨新闻报道与未成年人保护政策的相互关系。

（二）研究对象

本研究主要根据中国互联网社交平台的各大排行榜、各社交平台被讨论度和安卓等系统应用软件（App）在平台中的下载排名等因素，综合选取了包括 QQ、微信等 20 个社交平台（见表附3-1）作为调查样本，选取了平台与用户之间签署的用户协议和隐私条款等基本内容。

表附3-1　20个社交平台名单

QQ	豆瓣	最右	简书	探探
微信	知乎	闲鱼	新浪博客	她说
百度贴吧	钉钉	乐乎	网易博客	派派
新浪微博	小红书	绿洲	陌陌	Soul

（三）指标构建

本研究对《中华人民共和国未成年人保护法》《中华人民共和国网络安全法》《中华人民共和国数据安全法》《信息安全技术　个人信息安全规范》

《网络信息内容生态治理规定》《儿童个人信息网络保护规定》《常见类型移动互联网应用程序必要个人信息范围规定》《关于规范校外线上培训的实施意见》《关于进一步加强涉未成年人网课平台规范管理的通知》等 10 多项国家相关法规政策进行了归纳与整理,初步搭建起了旨在保护未成年人使用网络社交平台的基础架构,随后,邀请到在未成年人保护领域中具有话语权和影响力的 6 位专家对指标体系提出建议和修改意见,最终综合建立起具有信息提示、技术保护、防沉迷(综合)管理、应急投诉和举报机制、隐私和个人信息保护制度、科学普及和宣传教育等 6 个重要维度,共 16 个测评指标(见表附 3-2)的评分体系。在具体对各网络平台进行评分时,6 位专家对该 16 个测评指标在网络未成年人保护上的重要性进行排序,运用专家法确定每个维度和指标的分值。其中,时间管理、权限管理、消费管理及保护未成年人隐私权和个人信息 4 个指标各占 10 分,其余指标各占 5 分,总计 100 分。

表附3-2　互联网平台未成年人网络保护指标体系

维度	指标	具体内容	分值
信息提示 (20 分)	网络产品或信息提示	平台应显著提示影响未成年人身心健康发展的内容,如黄、赌、毒等信息	5
	私密信息提示	若未成年人发布或传播个人私密信息,平台应立即提示、阻断,采取必要保护措施	5
	适龄提示	平台应作适龄提示,利用相关技术措施,阻断未成年人接触不适宜内容的途径	5
	风险提示	平台应及时提示网络违法行为,如网络暴力、网络诈骗等	5
技术保护 (15 分)	真实身份信息注册	平台应严格审核未成年人的个人信息,并要求其以真实身份注册、登录网络平台	5
	不良信息过滤	平台应禁止发布、传播危害未成年人身心健康发展的网络信息内容,必要时采取屏蔽、断开链接等保护举措	5

续表

维度	指标	具体内容	分值
	网络安全等级保护	平台应履行网络安全保护义务，保障未成年人的网络数据安全	5
防沉迷（综合）管理（30分）	时间管理	平台应严格控制未成年人的网络使用时段及时长	10
	权限管理	平台应仅允许网络用户访问被授权的资源内容	10
	消费管理	平台应规范发展网络付费服务，严格限制未成年用户付费年龄及金额	10
应急投诉和举报机制（10分）	投诉和举报渠道	平台应公开投诉举报途径，高效处理涉及未成年人的投诉举报内容	5
	应急预案和机制	平台应制定网络安全应急预案，在危害事件发生时，及时采取补救措施	5
隐私和个人信息保护制度（15分）	保护未成年人隐私权和个人信息	平台应明确未成年人信息收集与使用规则	10
	防止游戏链接或广告推送	平台应限制游戏链接或广告推送	5
科学普及和宣传教育（10分）	未成年人保护相关活动及开放日	平台应主动向未成年人提供支持，包括但不限于主题教育、社会实践、职业体验等内容	5
	科学普及宣传	平台应鼓励、支持社会组织对未成年人开展科学普及活动	5

三、研究结果

（一）社交平台新闻分析

对社交平台新闻分析得出：技术保护方面表现较好，但在信息提示、应急投诉和举报机制、隐私和个人信息保护制度等方面还表现得不尽如人意。

20个社交平台6个维度总分为-81分，平均得分为-4.05分；涉及不同维度的正面新闻共223条，负面新闻共304条。信息提示、技术保护、防沉迷（综合）管理、应急投诉和举报机制、隐私和个人信息保护制度、科学普及和宣传教育六个维度的总体得分分别为-78分、59分、9分、-30分、-46分、5分。由此可见，社交平台在各维度的得分情况不一，除了技术保护维度的得分较高，其余维度都表现较差，且在信息提示、隐私和个人信息保护制度方面尤为短缺（见图附3-1）。

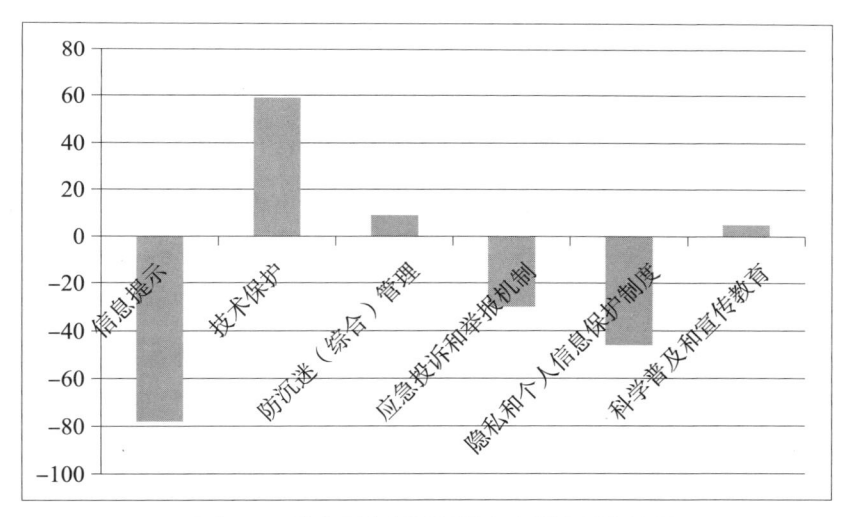

图附3-1 社交平台新闻报道六个维度得分情况

具体而言，信息提示维度分数较低的主要原因是小红书App因涉及炫富、假笔记等问题而被下架，以及有人利用闲鱼App诈骗未成年人等新闻报道。技术保护维度的负面新闻主要来源于目前较多社交平台App设置的"青少年模式"形同虚设，例如，未成年人能通过虚报年龄或使用家长信息等方式进行使用；但同时技术保护维度也有不少正面新闻，表明了仍有不少社交平台正着力于研究出真正有效的方式来确保用户以真实身份信息注册，从而杜绝未成年人使用或者沉迷于社交平台。应急投诉和举报机制维度分数较低的主要原因是有些平台还未建立及时有效的举报途径或者设置应急方案等,例如,在有关未成年人可以在闲鱼 App 购买到卷烟的新闻事件中,专家多认为这是平台监管不力的问题。隐私和个人信息保护制度维度涉及的新闻量虽然不多,但多为负面,例如,一公众人物的博客链接至一成人网站的事件就遭受了广大网民的批评。

(二)社交平台维度分析

对社交平台维度进行分析得出:在信息提示、技术保护、隐私和个人信息保护制度、应急投诉和举报机制等方面表现比较突出,但在科学普及和宣传教育、防沉迷(综合)管理方面,仍需进一步提升。

20 个社交平台六个维度相对得分的雷达图(见图附 3-2,以每一个维度的总分值为 1,得分值除以总分值,即为该维度的得分比例值)。通过对总体情况进行计算和评价后发现,社交平台整体从信息提示、技术保护、应急投诉和举报机制、隐私和个人信息保护制度等四个维度来看表现尚好,但仍有很大的提升空间;而防沉迷(综合)管理、科学普及和宣传教育方面的表现差距较大,还需持续不断提升。

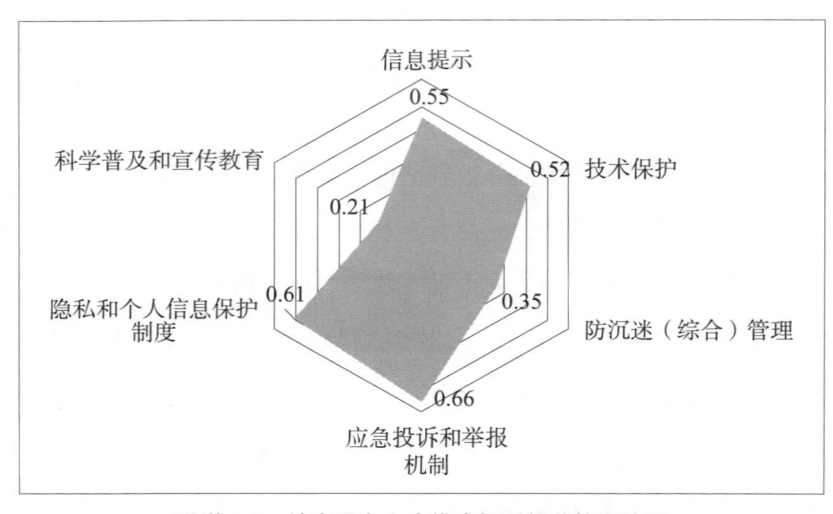

图附 3-2　社交平台六个维度相对得分的雷达图

20家社交平台总均分为46.84分。除了知乎因未在用户协议中专门提及未成年人而无法计算得分外，仅QQ、微信、微博三个平台得分在60分及以上，52.63%的平台得分在50分及以上。

（三）信息提示

对信息提示维度进行分析得出：适龄提示和私密信息提示表现较好，风险提示和网络产品或信息提示表现较为欠缺。

该维度总分为20分，平台均分为10.95分。在网络产品或信息提示方面，对于包含色情、暴力这些可能影响未成年人身心健康的网络内容，社交平台几乎都未以显著方式做出提示。此外，在对网络中可能存在的不法行为的风险提示方面，社交平台基本都缺少明确提示，大多在用户协议中以免责声明的方式呈现。具体而言，平台通常仅在官网发布的用户协议、服务使用协议及相关条例中提及，形式表现为在用户协议的用户行为规范或使用规则中以一定的条例进行列举，约束的是整个用户群体。例如，《微博服务使用协议》中在"使用规则"部分提出："不得上传、展示或传播任何不实虚假、冒充性的、骚扰性的、中伤性的、攻击性的、辱骂性的、恐吓性的、种族歧视性的、诽谤诋毁、泄露隐私、成人情色、恶意抄袭的或其他任何非法的信息资料。"

在私密信息提示方面，一部分平台做到了提示，但较少平台制定了专门的保护机制。例如，乐乎制定了《网易LOFTER儿童个人信息保护规则及监护人须知》，针对"如何收集和使用儿童个人信息""可能共享、转让和披露的儿童个人信息""如何存储和保护儿童个人信息""如何管理儿童个人信息"都给出了具体说明。其他平台则是在用户协议或者儿童隐私条款中进行了免责声明。

在适龄提示方面，填写注册用户的个人信息（如身份、生日信息等）已成为绝大部分社交平台注册时的必填项。通过这些信息，平台可以分析判断出注册者是否为成年人。有的平台提示按照国家政策和法律的相关规定，在获得监护人同意后，未成年人才可继续使用该平台；而有的平台在识别出未成年人身份后，会进一步收集监护人的手机号码、电子邮箱等联系方式，验证其与未成年人的监护关系，保护未成年人的权益，避免使用时出现的问题；且一部分社交平台（除了直接不允许未成年人使用的社交平台）会对产品进行分类，提供面向未成年人的功能板块。但是，仍有少数平台的官网未标出年龄提示。

（四）技术保护

对技术保护维度进行分析得出：具有信息注册要求，但缺乏具体严格的审核机制。

该维度总分为 15 分，平台平均分为 7.74 分。社交平台基本都按照有关法律法规设定了规章，针对未成年人进行了提醒，并需要用户以真实身份信息报名和登记，其中包括用户输入生日、年龄信息等可以辨别使用年龄的商品或服务，以确保对未成年用户进行监控和保护，但通常缺乏具体、严格的审核机制。只有 QQ、微信等要求实施实名认证后才可以正常使用，以此达到较为严格的筛选结果。

针对不良信息过滤，大部分社交平台运营商在发现和识别出有用户发布、传播含有危害未成年人身心健康发展内容的信息时，会立即停止传输相关信息，采取删除、屏蔽、断开链接等必要保护处置措施。

在网络安全等级保护方面，绝大部分社交平台都未严格根据网络安全的五个等级进行明确规定。

（五）防沉迷（综合）管理

对防沉迷（综合）管理维度进行分析得出：总体得分较低，实施缺乏可操作性。

该维度总分为 30 分，平台平均分为 10.37 分。对于时间管理和消费管理几乎很少有平台提及，而对权限管理虽有所涉及，但也多是"蜻蜓点水"，缺乏细致、明确的规定。

在所有研究样本中，只有小红书就未成年人使用该款 App 可能出现的超范围使用、沉迷网络，以及进一步购买相关服务、充值、打赏等负面问题，对未成年使用者以及未成年人的监护人做出了提示，即小红书不鼓励未成年人使用小红书软件及相关服务进行任何消费行为。而作为未成年人的监护人也要尽到监管义务，时刻关注好自己的网络支付情况。总体而言，防沉迷（综合）管理系统在社交平台中尚未进行广泛和明确的推广。

（六）应急投诉和举报机制

对应急投诉和举报机制维度进行分析得出：形式上较为完备，但个别平台形同虚设。

该维度总分为 10 分，平台平均分为 6.58 分。大多数社交平台协议文件中均公开提及了投诉与举报渠道等信息，表示将重点关注未成年人投诉和举报的内容，及时受理并妥善处理。例如，据《淘宝网儿童个人信息保护规则及监护人须知》所述，用户在使用闲鱼 App 服务的注册过程中，可以比较清晰、准确地看到以下文字标注："若您和您的孩子对本政策存在任何疑问，或对于儿童个人信息处理存在任何投诉与意见，请通过以下渠道联系我们。我们将在收到问题与意见，并验证监护人和/或儿童身份后的 15 天内回复您的请求。"投诉与举报渠道通常包括：通过官网客服及平台服务中心在线客服；通过专门电话投诉举报；通过平台显示的客服邮箱与个人信息保护专职部门；提供办公地址。

在应急预案和机制方面，各社交平台几乎都没有明确介绍相应的预案和机制，有些平台只是在用户协议和隐私条款之中提及相关内容。例如，根据《中华人民共和国个人信息保护法》，新浪设置了相应的保护机制：

"指定专人负责儿童的个人信息保护。若不幸发生泄露儿童个人信息的安全事件，可能造成或已经造成严重后果的，将立即告知受影响的儿童及其监护人相关情况，及时采取合理、有效的方式发布相关警示信息。"

（七）隐私和个人信息保护制度

对隐私和个人信息保护制度维度进行分析得出：其总体表现较好。

该维度总分为 15 分，平台平均分为 9.11 分，整体表现较好。大部分社交平台都有针对未成年人提出的隐私保护声明，提到了关于未成年人具体的个人信息收集以及使用规则，包括儿童信息的收集范围、如何处理与保护儿童信息、儿童信息的传播范围、在全球范围内信息转移的方式、文件政策如何更新，以及如何联系平台等方面。综观社交平台隐私条款中关于未成年人保护的论述，大致可以概括为以下几点：年龄小于 18 周岁的未成年人，在使用社交平台前，应取得其法定监护人的同意；年龄小于 14 周岁的未成年人，应在其法定监护人的同意以及帮助下，一同完成社交平台的注册流程；只会在法律允许、父母或监护人同意的情况下使用或公开披露信息；如果发现在未经许可的情况下误收集了未成年人的信息，会尽快删除数据；平台保持对未成年人的个人信息保护的高度重视，成立专门的安全团队，采取一切合理措施以保障隐私安全。但大多数社交平台拟定的个人信息保护协议，都仅以义务形式要求家长配合，例如其写道："帮助我们保护您孩子的个人信息和隐私安全，要求他们在您的监护下共同阅读并接受本政策。"由于无法精准识别未成年人身份，难以证实监护人是否真的同意，各社交平台的隐私条款很难起到真正的约束作用。

（八）科学普及和宣传教育

对科学普及和宣传教育维度进行分析得出：得分较低，亟待加强。

该维度总分为 10 分，平台平均分为 2.11 分。通过调研发现，虽然各社交平台的用户数量和活动空间都较大，但举办相关科学普及或宣传教育活动的屈指可数，且目前国内的各大社交平台尚未举办针对未成年人的开放日等活动。例如，2017年12月，腾讯举办第一届用户开放日，邀请用户深入参与、体验最新的科技动向及技术，通过人工智能嘻哈调音台、虚拟现实传送门等25个创意互动装置，展现了腾讯互娱、互联网+，以及网络安全等多项技术及应用。该开放日主要面向的是所有用户群体，内容主要针对科技和服务进行展示，在科学普及和宣传教育中几乎不会提及未成年人社交平台保护的内容。

总而言之，大多数社交平台含有未成年人的信息保护部分，在样本中占比高达95%。由于对儿童的定义不同，现有的隐私条款对未成年人的年龄界定也并不一致。60%的社交平台将未成年人的年龄界定为18周岁以下，55%的平台针对14周岁以下的儿童设置了专门条款。QQ、微信、新浪微博等App则以14周岁以下和18周岁以下为标准，分层进行信息保护说明。QQ、Soul、派派等平台软件设置了面向14周岁以下儿童的功能板块，用来提供专门的产品或服务。通过调研发现，目前的社交平台在信息提示方面对于未成年人保护均有涉及，但各个维度仍需要进一步完善。

四、加强社交平台未成年人保护的对策建议

（一）政府部门要加快完善社交网络未成年人保护法律体系

近年来，我国网络空间的法治化进程持续推进。但与社会快速发展的形势以及日益重视的需求相比，我国在未成年人社交网络保护的相关立法领域仍有很大的提升空间。2019年，我国首部《儿童个人信息网络保护规定》正式开始实施，文件虽然提出并强调了网络信息内容提供及服务平台的主体责任，明确了网络信息相关管理部门的监管义务与职责，但在涉及

具体的网络犯罪行为时并未明确界定平台的相关责任和具体的处罚力度。2020年10月，全国人民代表大会常务委员会新修订的《中华人民共和国未成年人保护法》增设了"网络保护"专章，但内容多为模糊的规范性要求。《中华人民共和国网络安全法》虽在身份保障、信息传播、监管机制等方面限制了社交平台的发展，但并未结合未成年人这一特殊群体的媒介使用特点进行展开。国家广播电视总局等部门也陆续出台了有关某些网络社交平台的相关文件，例如《关于加强微博、微信等网络社交平台传播视听节目管理的通知》等，但这些文件并不具备较高的法律效力，内容过于简单，可操作性不足，对涉及未成年人网络犯罪行为的打击能力较弱。[1]因此，政府相关部门要进一步加快完善网络法治化进程，针对未成年人在社交平台可能遇到的问题，颁布清晰、明确、可操作的法律保护文件，加强未成年人网络保护。

（二）社交平台要制定信息提示制度，优化应急投诉和举报机制

网络世界的内容纷繁复杂。未成年人的身心发展尚未成熟，他们对网络世界内容的辨识与批判能力较弱，往往单凭兴趣、爱好以及舆论潮流的走向来选择自己参与和关注的话题信息，更容易受到负面信息的误导。在诸如微博、小红书等社交App中，存在着大量负面的信息内容。当未成年人有意或无意地接触了此类不正确、不健康的信息内容时，很容易导致其价值观走偏、行为失当等问题。在《中华人民共和国未成年人保护法》中，"可能影响未成年人身心健康网络信息"的相关概念被提出，并据此设置了相应的信息提示制度。社交平台也应进一步加强、完善平台的信息审查与监管制度，当发现用户故意散布此类负面信息时，及时进行不良信息的风

---

[1] 王贞会.未成年人网络社交中的犯罪被害：风险类型与防范之策［J］.中国青年社会科学，2020（6）：125.

险提示，严格限制、管控不良信息的传播与流通。此外，社交平台也应进一步优化应急投诉和举报机制，做好未成年人保护的应急预案。一旦未成年人受到不法信息的侵害，及时高效地解决问题，为未成年人筑起一道网络信息安全屏障。

（三）社交平台要防范未成年人过度印象管理，研发防沉迷系统

戈夫曼曾表示："在社会交往的过程中，个体会刻意对自身形象进行管理与控制，以期达到'印象管理'的目的。"伴随着媒介技术的迅猛发展，社交媒体成为人们进行交往活动的重要平台，不少未成年人将其视为塑造自身形象的主要阵地，导致过度"印象管理"问题频现。近年来，未成年人沉迷网络的危害日益凸显，社交平台要积极承担社会责任，主动采取技术措施，研发防沉迷系统，防范未成年人过度沉迷社交媒体。未成年人的大脑正处于高速发展期，若长时间沉迷社交媒体，会影响身体的正常发育，很容易引发身体和情绪的相关问题。未成年人正处于思维观念建立的关键阶段，很多负面、消极的网络内容具有极强的隐蔽性，未成年人若过度沉溺于此，就会影响正常的学习和社会交往，不利于其健康成长。

清华大学新闻与传播学院副教授蒋俏蕾曾指出：社交媒体因其高度便捷性、即时性、参与性等，满足了当今广大网民，特别是未成年人群体对社会交往的需求。网络社交风靡的背后，隐藏着不少隐患和风险。[1]她认为未成年人使用社交平台的时长与其遇到的网络风险成正比。因此，我国当前亟待加强对未成年人网络社交沉迷现象的重视。目前我国防沉迷系统主要应用于网络游戏领域。防沉迷系统在社交媒体平台的发展与应用并不完善，并未形成一套严格的监控系统来针对未成年人使用社交媒体的时间、

---

[1] 蒋俏蕾，陈宗海. 未成年人网络保护：理念、内容与路径［J］. 预防青少年犯罪研究，2021（1）：28-36.

权限、消费等进行管理，缺乏实际的可操作性。因此，为了防范未成年人过度沉迷网络，各社交媒体平台要提升责任意识，强化管理措施，加强技术研发，在各大社交媒体平台中推广切实可行的防沉迷系统，将适度使用意识贯穿到平台设计、开发和运营的各个环节中，助力未成年人形成良好的社交媒体使用习惯，保护其身心健康发展。

（四）社交平台要坚持"最小收集与最高保护"原则，保障未成年人信息安全

社交平台已融入我们的日常生活，这在给予便捷的同时，也带来信息安全隐患。由于未成年人的社会心智发展尚未成熟，对于个人信息的保护意识较为欠缺。在注册、使用社交平台时，可能存在无法正确识别平台数据收集合法性的情况，面对外界恶意的信息引导可能会在不知不觉中将个人信息透露出去，落入个人隐私泄露的陷阱。[①] 尽管相关文件对于网络运营者收集、使用儿童个人信息的原则进行了一定规定，如《儿童个人信息网络保护规定》对其进行了一定说明，但并没有形成一个较为统一的界定标准。因此，社交平台应进一步明确隐私保护条例中未成年人的年龄划分，按照"最小收集"与"最高保护"原则，严格界定个人信息的保护范围，并且保证与未成年人相关的关键信息得到加密处理，制定切实可行的隐私保护条款，加强未成年人隐私保护。此外，社交平台在收集一些关键、敏感的个人信息时，应取得未成年人的监护人的知情同意，按照"正当必要、知情同意、依法利用"的信息收集原则，努力构建一个和谐、安全、健康发展的网络社交环境。

---

① 毛俪蒙，陈思旭，张阚. 儿童网络隐私权保护现状及对策：基于10款手机App隐私条款的研究 [J]. 视听界, 2021 (4): 66.

（五）社交平台要扩大开放程度，筑牢未成年人网络安全保护网

为了进一步加强未成年人社交媒体保护，社交平台要扩大开放程度，积极主动与政府、学校、家长协同联动、通力合作，筑牢未成年人网络安全保护网。首先，社交平台应在坚守行业自律的基础上，配合政府进一步建立和完善相关法律法规，依法有力震慑不法分子。其次，社交平台也应重视培养老师、家长等成年人的网络素养。老师和父母的言行直接影响到未成年人对网络社交平台的认知与行为。老师和父母应该承担起教育、监管、帮助、示范的责任，积极向未成年人传播网络安全知识，监管其社交媒体使用行为，以身作则起到良好的示范作用，引导和帮助其培养良好的社交媒体使用习惯。此外，作为家庭教育与学校教育的延伸，社交平台还可以联动第三方机构，面向未成年人举办有趣、有价值的科学普及和宣传教育活动，线上线下联动，帮助未成年人获取更多网络社交安全知识，提高未成年人防范网络风险的意识。总之，只有在政府、社交平台、学校、家长的多方联动和通力配合下，各方主体才能积极发挥各自优势，为未成年人筑牢一张切实有效的网络安全保护网。

附录 4

在线医疗健康平台未成年人保护现状、问题及对策建议（2021）

姜桐桐　陈　兴[*]

摘要： 本研究旨在探究在线医疗健康平台的未成年人保护现状、问题，并提出一些改进建议。本研究选择40个在线医疗健康平台的用户协议和隐私条款为样本，对其进行文本分析，构建在线医疗健康平台的未成年人网络保护指标体系，并进行赋分。在线医疗健康平台五个维度的总得分为41.56分（满分为70分），在信息提示、技术保护、应急投诉和举报机制、隐私和个人信息保护制度、科学普及和宣传教育五个维度的得分分别为10.63分、8.3分、8.63分、9.7分、4.25分。在线医疗健康平台在应急投诉和举报机制维度较为完善，但在信息提示、技术保护、隐私和个人信息保护制度、科学普及和宣传教育方面有待完善，需要进一步规范适用年龄标准、加强技术保护、提高隐私保护和强化活动内容池建设。

关键词： 医疗健康；在线平台；未成年人保护

在线医疗健康平台在未成年人的"寻医问药"过程中发挥着日益重要的作用，一定程度上满足了他们对医疗信息和健康咨询的需求。诺伊斯等人调查了157名英美籍的青少年网络健康查寻行为，发现尽管网络还不能

---

* 作者简介：姜桐桐、陈兴，北京师范大学新闻传播学院2021级硕士研究生。

完全取代家长和医生，但已成为青少年查寻医疗健康咨询的重要途径。[1] 然而，在线医疗健康平台对未成年人的网络保护往往被视为不合格和不称职的，《2017年世界儿童状况：数字时代的儿童》报告发现，儿童信息被网络平台大量采集、储存并用作商业武器；傅宏宇指出未成年人个人信息保护存在法规不统一、立法不明确、权利界定不清等问题[2]；马骋宇等人对比分析了60款中美医疗App的隐私政策，发现国内App存在法律效力弱、难以落实的问题。[3] 本研究基于文本分析法，探究在线医疗健康平台未成年人保护现状和问题，并提出一些建议。

一、研究对象与方法

（一）研究对象

本研究的对象为40个在线医疗健康平台的用户协议和隐私条款的文本内容。

（二）研究方法

1. 抽样方法

本研究依据安卓应用商店中App下载量和在线医疗健康平台排行榜等因素，综合选取了春雨医生App等40个在线医疗健康平台的隐私条款和用户协议等文本内容为样本。

2. 调查方法

本研究采用文本分析法，以《中华人民共和国未成年人保护法》《中华

---

[1] NOYCE P R, GRAY N J, et al. Health information-seeking behaviour in adolescence: the place of the internet [J]. Social Science & Medicine, 2005, 60 (7): 1467-1478.

[2] 傅宏宇. 我国未成年人个人信息保护制度构建问题与解决对策 [J]. 苏州大学学报（哲学社会科学版），2018, 39 (3): 81-89.

[3] 马骋宇，刘乾坤. 中美个人健康信息保护比较研究：基于60款主流移动医疗App的隐私政策分析 [J]. 电子知识产权，2021 (1): 27-36.

人民共和国数据安全法》《儿童个人信息网络保护规定》《中华人民共和国网络安全法》《信息安全技术　个人信息安全规范》《常见类型移动互联网应用程序必要个人信息范围规定》等多项法规政策为框架，归纳出信息提示、技术保护、应急投诉和举报机制、隐私和个人信息保护制度、科学普及和宣传教育等五个维度，共有13个指标，通过专家法确定各维度和指标的分值，满分为70分（见表附4-1）。

表附4-1　在线医疗健康平台未成年人网络保护指标体系

维度	指标	具体内容	分值
信息提示 （20分）	网络产品或信息提示	对可能影响未成年人身心健康内容的网络色情、暴力等，应当以显著方式作出提示	5
	私密信息提示	未成年人发布私密信息时，应当予以提示，并采取必要保护措施	5
	适龄提示	平台应做出适龄提示，采取技术措施，避免让未成年人接触到不适宜的内容	5
	风险提示	对网络中可能存在的诈骗、欺凌、色情等不法行为进行提示	5
技术保护 （15分）	真实身份信息注册	要求未成年人用真实的个人身份信息注册、登录账号	5
	不良信息过滤	发现任何对未成年人身心健康有害的信息时，应立即停止传播，并采取屏蔽、删除、断开链接等措施	5
	网络安全等级保护	遵循网络安全等级保护制度要求，防止数据泄露或被盗窃、篡改，履行网络安全保护义务	5
应急投诉和举报机制 （10分）	投诉和举报渠道	及时受理与未成年人相关的举报和投诉，并妥善处理	5

续表

维度	指标	具体内容	分值
	应急预案和机制	制定网络安全事件应急预案和机制，及时处置系统漏洞、计算机病毒、网络侵入等风险问题；发生网络安全事件时，采取补救措施，启动应急预案	5
隐私和个人信息保护制度（15分）	保护未成年人隐私权和个人信息	个人信息收集使用规则、如何保护个人信息、个人信息权利、如何保护儿童的个人信息等[①]	10
	防止链接或广告推送	防止链接或广告推送	5
科学普及和宣传教育（10分）	未成年人保护相关活动及开放日	设立未成年人开放日，为未成年人主题教育、社会实践、职业体验等提供支持	5
	科学普及宣传	鼓励科研机构和科技类社会组织对未成年人开展科学普及活动	5

二、研究结果

（一）基本情况

在线医疗健康平台五个维度的得分为41.56分（满分为70分，以每一个维度的总分值为1，得分值除以总分值，即为该维度的得分比例值）。在应急投诉和举报机制维度的表现最好，平均分达8.63分，基本能够提供良好、畅通的反馈渠道，构建较完善的应急预案机制。科学普及和宣传教育得分最低，仅有4.25分，其中"未成年人保护相关活动及开放日"指标得分仅为0.38分。整体而言，在线医疗健康平台在应急投诉和举报机制维度得分较高，但在其他维度亟待加强，春雨医生、1药网、丁香医生等平台综合得分较高。

---

① 信息来源：《信息安全技术　个人信息安全规范》（GB/T 35273-2020）。

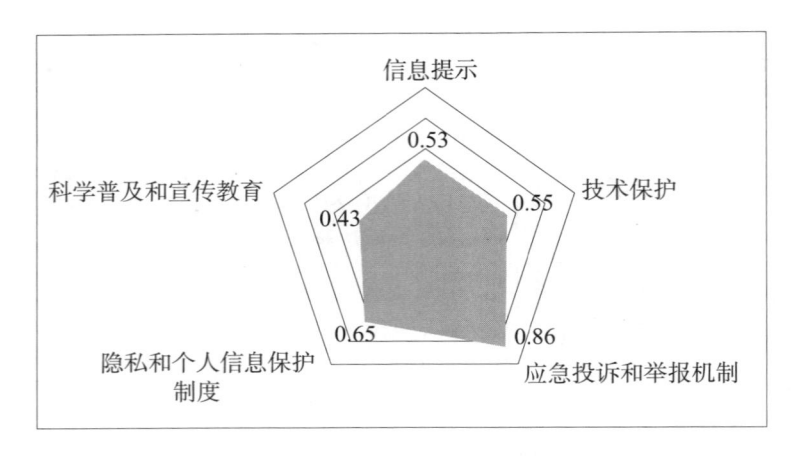

图附 4-1　在线医疗健康平台五个维度相对得分的雷达图

（二）信息提示维度

该维度总分为 20 分，平均分为 10.63 分，适龄的界定标准并不规范统一，未成年人私密提示和风险提示未得到高度重视。

在适龄提示方面，90% 的在线医疗健康平台对用户作出适龄提示，整体得分均值为 4.45 分。但是在适用年龄的界定标准上未达成一致：35% 的平台限制 14 周岁以下的儿童注册和使用，47.5% 的平台要求 18 周岁以下的未成年人在监护人同意的条件下使用，快速问医生 App 称会参照不同国家、地区的法律和文化惯例。此外，医脉通和京东健康 App 对不满 14 周岁的儿童采取进一步保护措施，例如合理地存储和使用儿童信息，逾期删除或匿名化处理，严格设定访问权限，制定专门的儿童信息保护制度等。

在私密提示方面，均值为 3.5 分，仍需要进一步重视和保护。在线医疗健康平台收集的健康信息（以往病史、用药记录等）、财产信息（银行账号、交易记录等）、生物识别信息（面部和声纹识别）等私密信息多，敏感程度高，需要更高层级的信息保护。① 研究发现，90% 的平台提醒用户要谨慎发布个人敏感信息，但其中仅有 11.11% 的平台着重强调了未成年人敏感

---

① 胡梅，刘征峰. 未成年人个人信息保护研究：以《未成年人保护法（修订草案）》为视角［J］. 预防青少年犯罪研究，2020（2）：26-34.

信息保护的问题，整体上关切不足。私密提示表现较好的平台如京东健康 App 提醒谨慎发布儿童信息，腾讯医典 App 强烈建议不要上传儿童真实的肖像照片。

在风险提示方面，平均分为 2.7 分，多为网络安全风险提示，缺少内容方面的风险提示。在网络产品或信息提示方面，也很少涉及。

（三）技术保护维度

该维度总分为 15 分，平台平均分为 8.3 分，整体得分较低，缺乏不良信息过滤功能。

在真实身份信息注册方面，平均分为 4.63 分，整体水平较高。用户通过手机号码注册并登录平台后，可以使用浏览和搜索功能。但若要使用问诊、挂号、购药等重要功能，则须通过实名认证，提供姓名、身份证号等信息。调研发现，92.5% 的平台要求真实身份认证。

在网络安全等级保护方面，平均分为 3.68 分。《中华人民共和国网络安全法》要求，平台需要贯彻网络安全等级保护制度，尽到保护网络安全的义务。大多数平台能意识到网络安全的重要性，通过信息接触者保密协议、传输层安全协议、控制数据访问权限、多重身份认证技术和信息安全员工培训体系等措施来保障网络安全。17.5% 的平台通过了我国的网络安全等级保护（含三级及以上）测评和备案，15% 的平台建立了数据分类分级制度，12.5% 的平台获得了信息安全管理体系 ISO27001 信息安全认证资质，还有 10% 的平台称其网络安全体系符合业界测评标准。

（四）应急投诉和举报机制维度

该维度总分为 10 分，平台平均分为 8.63 分，整体表现较为优秀。

在投诉和举报渠道方面，得分较高，均值为 4.5 分。87.5% 的平台提供了沟通邮箱和联系方式，52.5% 的平台设置了信息安全专员或专职部门，

7.5%的平台专门设置了处理和保护儿童信息的部门，这方面仍有待完善。

在应急预案和机制方面，得分均值为4.13分。82.5%的平台制定了信息安全重要事件应急预案，规范安全事件的处理流程，定期组织相关人员进行培训和演练。例如康爱多掌上药店App建立了安全应急响应机制和团队。5%的平台专门制定了儿童信息安全事件应急预案，会制定补救措施，主动向监管部门上报处置情况。

（五）隐私和个人信息保护制度维度

该维度总分为15分，平台平均分为9.7分。调研发现，多数平台都含有未成年人的信息保护部分，占比高达92.5%，但条款内容存在空泛化和同质化问题。

纵观其隐私条款中关于未成年人信息保护的论述，大致可概括为三点：第一，在父母或监护人许可的前提下，未成年人方可创建自己的账户；第二，在监护人同意或法律准许的情况下，平台才能使用或公开披露未成年人的信息；第三，如果发现错误地收集了未成年人的信息，会尽快采取处理措施，删除此类数据。事实上，由于无法精准识别未成年人身份，难以证实监护人是否真的同意，单纯依靠事后救济机制很难起到真正的约束作用，条款容易沦为形式主义的空文。部分平台为此做出了一些尝试和努力：平安健康和叮当快药App要求获得监护人的书面同意；医脉通、小豆苗等App出台了专门的儿童/未成年人版隐私协议。

在防止广告推送方面，整体较为薄弱，得分均值为0.83分。

（六）科学普及和宣传教育维度

该维度总分为10分，平均得分为4.25分。单向科学普及和宣传教育活动较丰富，互动体验式、参与式活动较少。

在科学普及宣传方面，大部分平台表现尚可，得分为3.88分。77.5%

的平台通过儿科名医直播、儿科知识专区等多种形式进行健康科普,丁香医生是其中的佼佼者,发布多篇未成年人身心健康的科普文章,被广泛引用、转载和传播;医脉通和人民好医生 App 就未成年人自杀风险、未成年人罹患创伤后应激障碍、儿童与埃博拉病毒等多个议题展开介绍。"未成年人保护相关活动及开放日"指标则存在较大的不足,较少平台举办互动式和参与式的线下实践活动,平均分仅为 0.38 分。科瑞泰 Q 医 App 邀请多位儿科专家举行"1 型糖友公益夏令营",分设糖尿病科普儿童会场。

三、加强在线医疗健康平台未成年人保护的对策建议

在线医疗健康平台在应急投诉和举报机制维度较完善,但在信息提示、技术保护、隐私和个人信息保护制度、科学普及和宣传教育维度亟待加强。根据以上问题,研究从四个方面提出建议。

一是规范未成年人使用平台的年龄标准,构筑未成年人保护屏障。目前,不同平台对未成年人的年龄界定标准并不一致。《中华人民共和国民法典》根据民事行为能力统一将 18 周岁以下的自然人定义为未成年人,《儿童个人信息网络保护规定》《信息安全技术 个人信息安全规范》则以 14 周岁作为区分儿童的界线,部分平台还依据当地法律、习俗等标准界定,导致约束对象范围模糊。政府部门需要明确立法,制定统一标准,以便各平台之间达成未成年人使用的适龄共识。[1]

二是强化技术保护,助力建构未成年人保护健康生态。多数在线医疗健康平台声明需在获得父母或监护人同意的情况下才可以使用,却很少对未成年人的身份进行主动甄别,而是采取事后救济机制[2],在发现误收集未

---

[1] 王晴.论未成年人隐私权保护与监护制度的冲突与平衡[D].河北大学,2010.
[2] 李延舜.论未成年人隐私权[J].法制与社会发展,2015,21(6):168-175.

成年人信息后进行补救，导致未成年人使用在线医疗健康平台的风险并未被有效规避，其个人信息安全也难以得到保障。因此，在线医疗健康平台需要强化技术保护，对未成年人身份进行主动甄别，加强对不良信息的过滤功能，进一步强化未成年人保护力度。

三是加强隐私保护，落实未成年人信息保护政策。在法律层面上需要明确隐私条款的合同协议性质，对运营者违反隐私条款的信息收集和使用行为进行适当的惩罚，构建我国未成年人被遗忘权[1]，强调平台的主体责任，并增强儿童隐私政策的阅读友好性，用易懂的语言解释。[2]

四是强化活动内容池建设，加强未成年人医疗健康知识普及。平台可以将线上和线下活动结合，进行医疗健康知识的联动传播。例如线上开展多主题的医疗健康知识直播，邀请未成年人喜闻乐见的榜样人物和医学专家进行分享，实时解答未成年人的疑惑；线下开展多元化参与性活动，例如具有趣味性的动漫医疗人物展览，具有专业性的儿科医疗知识小会，促进未成年人医疗健康知识普及。

---

[1] 耿竞.被遗忘权：我国未成年人个人信息保护新思路[J].宜宾学院学报，2021，21（1）：50-57.

[2] 肖雪，曹羽飞.我国社交应用个人信息保护政策的合规性研究[J].情报理论与实践，2021（3）：91-100.

附录 5

音视频平台未成年人保护现状、问题及对策建议（2021）

蒋宇楼　孙诗涵[*]

摘要： 随着网络视听技术的不断发展，青少年对音视频平台的使用愈发广泛。本文综合运用文本分析法、德尔菲法（也称专家调查法）和层次分析法，尝试构建音视频平台未成年人网络保护指标体系，并根据指标体系分析了 22 个音视频平台的用户协议和隐私条款的文本内容以及相关新闻报道的正负面舆情。结果表明，音视频平台在未成年人网络防沉迷（综合）管理、应急投诉和举报机制、隐私和个人信息保护制度方面表现突出，在信息提示、科学普及和宣传教育方面非常薄弱。本文研究成果将对进一步提升音视频平台未成年人保护工作成效具有一定指导意义。

关键词： 音视频平台；未成年人；指标体系

引　言

5G 技术的不断发展促使泛众化时代的到来，音视频在传播中的地位逐

---

[*] 作者简介：蒋宇楼，北京师范大学新闻传播学院 2022 级硕士研究生，主要从事网络素养、新媒体效果研究；孙诗涵，北京师范大学新闻传播学院 2021 级本科生。

渐凌驾于其他媒介之上，成为社会的主流表达方式。《2021中国网络视听发展研究报告》指出，2020年音视频领域实现均衡发展，短视频、综合视频、网络直播、网络音频用户规模分别为8.73亿、7.04亿、6.17亿和2.82亿。随着音视频平台的迅速崛起，强化治理也逐渐成为众多平台的共识。《中国青少年互联网使用及网络安全情况调研报告》显示，有20%的青少年"几乎总是"在看短视频，"每天看几次"的青少年大约为10%，每天使用短视频平台的时长超过1小时的青少年占11.1%。音视频平台逐步风靡于青少年群体之间，在治理层面存在的问题也随之显现。首先，音视频平台上发布的内容鱼龙混杂且缺乏规范化的管理。为了提高用户的关注度，一些账号可能会通过发布含有低俗化、娱乐化内容的音视频实现其引流的目的。2020年4月13日，抖音公布数据显示，平台共查封针对青少年的恶意账号20余万个，下架违规视频内容200余万条。[1] 其次，音视频平台的功能设置仍以资本为导向，而不是从用户出发。2021年11月5日，浙江省消费者权益保护委员会就会员服务问题对优酷、腾讯视频等9家音视频平台相关负责人进行约谈，指出几家平台的广告页面功能键设置缺乏合理性。少不更事的青少年群体对于世界的认知还处于探索阶段，世界观、价值观尚在养成期，往往只能"单向化"被动接收网络平台展示给他们的内容。加之平台本身缺乏监管，一些逃脱限制的"漏网之鱼"就在一定程度上造成了对青少年的负面影响。[2] 因此，音视频平台打造良性的产业生态，履行社会责任与担当，已经成为全社会的议题。

为引导青少年科学上网，构建清朗的网络环境，我国法律法规对未成年人网络保护工作做出明确规定。例如，新修订的《中华人民共和国未成

---

[1] 关聪. 抖音封禁超20万对青少年恶意账号 短视频如何防沉迷？[EB/OL]. （2021-04-13）. https://www.caixin.com/2021-04-13/101690723.html.

[2] 王志昭. 短视频对青少年的利弊影响及治理[J]. 新闻爱好者，2019（11）: 60-62.

年人保护法》规定，网络音视频提供者应当针对青少年使用与其服务相应的时间、权限和消费管理等功能。2021年9月27日，国务院印发《中国儿童发展纲要（2021—2030年）》，明确提出实施国家统一的未成年人网络电子身份认证。该纲要在安全领域提及"要加强儿童网络保护，预防和干预沉迷网络""保障儿童在网络空间中的合法权益"。[①] 此外，2021年12月15日，中国网络视听节目服务协会发布了《网络短视频内容审核标准细则》，界定了不利于未成年人健康成长上网的内容标准，进一步强化未成年人网络保护体系。[②] 由此可见，群策群力、建言献策，为青少年提供绿色的网络空间，俨然成为国家、社会与个人的共同命题。

因此，本文通过对6个类型共22个音视频平台的用户协议、隐私条款进行文本分析，同时采用德尔菲法和层次分析法，建立了音视频平台未成年人网络保护指标体系，希望以此探究我国目前音视频平台在未成年人保护方面存在的问题，并给出相应的建议和对策。

一、研究设计

本研究在对中国有代表性的青少年保护政策文件进行选择和描述的基础上，基于因子分析探索验证了该模型结构的维度与效度，采用模糊德尔菲法对指标体系的内容效度进行检验。同时，通过主观赋权的层次分析法，对评价指标进行权重分配。

在建立了指标体系的理论模型后，依据该模型的构成要素对22个音视

---

① 中华人民共和国国务院.中国儿童发展纲要（2021—2030年）[R/OL].（2021-09-27）. http://www.nwccw.gov.cn/2021-09/27/content_295247.htm.
② 中国网络视听节目服务协会.《网络短视频内容审核标准细则》修订版发布[EB/OL].（2021-12-15）. http://www.nrta.gov.cn/art/2021/12/15/art_114_58925.html.

频平台的 145 个用户协议、隐私政策和相关新闻报道的正负面舆情材料进行了编码分析。

（一）音视频平台青少年网络保护指标体系建构

本研究采用了文本分析法，依据音视频平台的相关排行榜及安卓应用商店中 App 下载量排行榜等因素，综合选取音视频平台 22 个为样本（见表附 5-1）。采集其用户协议、隐私条款等文本内容，以 12 项政策文件为框架（见表附 5-2），信息提示、技术保护、防沉迷（综合）管理、应急投诉和举报机制、隐私和个人信息保护制度、科学普及和宣传教育等六个维度共 16 个指标（见表附 5-3），利用德尔菲法确定每个维度和指标的分值，检验模型要素的内容效度。基于因子分析探索验证了该模型结构的维度与效度；采用主观赋权的层次分析法，对评价指标进行了权重分配和赋值排序，总计 100 分。

表附5-1　音视频平台样本名单

快手	哔哩哔哩	优酷视频	抖音	西瓜视频	酷狗音乐
爱奇艺	荔枝	喜马拉雅	配音秀	芒果TV	网易云音乐
梨视频	QQ 音乐	秒拍	咪咕视频	腾讯视频	人人视频
全民 K 歌	AcFun	千千音乐	搜狐视频		

表附5-2　音视频平台青少年网络保护指标体系的文本选择

样本名称	颁发机构	颁发/修订时间
《中华人民共和国未成年人保护法》	国务院	2020 年 10 月
《中华人民共和国网络安全法》	国务院	2016 年 11 月
《中华人民共和国数据安全法》	国务院	2021 年 6 月
《儿童个人信息网络保护规定》	国家互联网信息办公室	2019 年 10 月

续表

样本名称	颁发机构	颁发/修订时间
《信息安全技术 个人信息安全规范》	全国信息安全标准化技术委员会	2020年3月
《未成年人节目管理规定》	国家广播电视总局	2019年4月
《网络信息内容生态治理规定》	国家互联网信息办公室	2020年3月
《常见类型移动互联网应用程序必要个人信息范围规定》	国家互联网信息办公室、工业和信息化部、公安部、国家市场监督管理总局	2021年3月
《关于防止未成年人沉迷网络游戏的通知》	国家新闻出版署	2019年10月
《关于加强网络秀场直播和电商直播管理的通知》	国家广播电视总局	2020年11月
《关于规范校外线上培训的实施意见》	教育部	2019年7月
《关于进一步加强涉未成年人网课平台规范管理的通知》	国家互联网信息办公室、教育部	2020年11月

表附5-3 音视频平台青少年网络保护指标体系

维度	指标	具体内容	分值
信息提示（20分）	网络产品或信息提示	平台对影响未成年人身心健康内容的网络色情、暴力等内容作出提示	5
	私密信息提示	平台对未成年人通过网络发布私密信息的提示与保护措施	5
	适龄提示	平台对未成年人进行内容分类及适龄提示	5
	风险提示	平台对网络中可能存在的诈骗等不法行为进行提示	5

续表

维度	指标	具体内容	分值
技术保护（15分）	真实身份信息注册	平台对未成年人真实身份信息注册并登录的技术保障	5
	不良信息过滤	平台对危害未成年人身心健康的内容进行停止传输相关信息采取删除、屏蔽、断开链接等处置措施	5
	网络安全等级保护	平台履行网络安全等级保护制度的义务	5
防沉迷（综合）管理（30分）	时间管理	平台严格控制未成年人的使用时段及时长	10
	权限管理	平台通过设置安全规则使未成年人只能访问被授权的资源	10
	消费管理	平台对未成年人网络消费行为进行管理	10
应急投诉和举报机制（10分）	投诉和举报渠道	平台对涉未成年人的投诉、举报进行处理	5
	应急预案和机制	平台对网络安全事件制定应急预案并采取相应补救措施	5
隐私和个人信息保护制度（15分）	保护未成年人隐私权和个人信息	平台对未成年人信息的收集、保护、使用等规则	10
	防止游戏链接或广告推送	平台防止游戏链接或广告推送	5
科学普及和宣传教育（10分）	未成年人保护相关活动及开放日	平台为未成年人保护与发展实践活动提供支持	5
	科学普及宣传	平台对未成年人开展科学普及活动	5

（二）用户协议和隐私政策的文本分析

本研究对 22 个互联网平台的 145 个用户协议、隐私条款等进行文本分析，并对照指标体系逐项进行调研验证。指标评价信息需满足以下基本原则：第一，可靠性，即信息来源真实可信；第二，实质性，即信息能准确反映音视频平台在所有指标下的表现；第三，时效性，即信息符合当前研究的时间范围。

（三）平台相关新闻报道的正负面舆情分析

同时，研究采用典型抽样法，选取具有典型性的 22 个音视频平台在 2020 年 6 月 1 日—2021 年 6 月 1 日间的相关新闻报道，进行量化分析。通过搜索"平台名称 + 未成年人"，获取音视频平台未成年人保护的相关新闻，剔除重复新闻后，对正面新闻赋 1 分，负面新闻赋 –1 分，无关新闻赋 0 分。除去无关新闻后，测算出每类平台的正面报道总分和负面报道总分，以探讨新闻报道与未成年人保护政策的相互关系。

二、研究结果与讨论

（一）用户协议与隐私条款的分析结果

研究结果表明，在防沉迷（综合）管理、应急投诉和举报机制、隐私和个人信息保护制度方面表现突出，在信息提示、科学普及和宣传教育方面非常薄弱。音视频平台六个维度相对得分的雷达图（见图附 5-1，以每一个维度的总分值为 1，得分值除以总分值，即为该维度的得分比例值）。

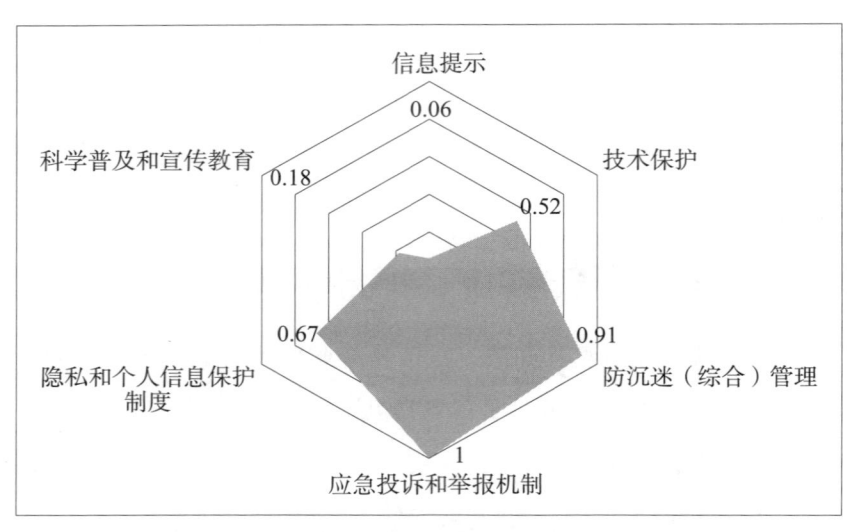

图附 5-1　音视频平台六个维度相对得分的雷达图

1. 信息提示

结果表明，音视频平台信息提示维度相对得分为 0.06 分，极不乐观，多数平台亟待开展相关实践。调研涉及的大多数音视频平台都甚少在隐私条款中体现信息提示部分，实际使用过程中也缺乏显著性的信息提示。其中，哔哩哔哩、快手、优酷视频、爱奇艺在信息提示方面的表现相对良好，其余平台大多为 0 分。哔哩哔哩会在部分视频标题下标明审核得出的"可能含有诈骗、色情"类提示，快手则是严格抵制对未成年人的网络欺凌及有害未成年人身心健康内容，优酷视频、爱奇艺设置有专门针对未成年人的板块和应用。调研涉及的音视频平台对于未成年人的保护并不完善，亟须对于可能有害未成年人身心健康内容的明显提示，对未成年人发布私密信息前的相应提示功能也有待完善。爱奇艺有较为明确的规定指出，一旦监测出存在或疑似风险，将使用所收集的相关信息进行安全检验。

目前，音视频平台对于信息提示的"选择性忽略"其背后的根本原因在于利益导向的经营模式。平台方借助看似"规范"实则烦琐、冗长又空洞的隐私条款，诱导用户仅粗略浏览甚至直接跳过阅读环节，迅速达成了

"同意"协议。同时，在"注意力经济"的驱使下，平台会特意降低音视频内容发布的门槛，放宽对于刺激、猎奇性内容的审核与管控，来吸引流量，提高用户黏性。

2. 技术保护

音视频平台技术保护维度平均分为 0.52 分，表现良好。整体上，调研的音视频平台在技术保护上均做到了按照网络安全等级保护制度要求履行义务，但很多平台并不强制要求用户进行实名认证，对不良信息的过滤不够及时、有效。在这一维度中，快手、酷狗音乐、荔枝平台、喜马拉雅表现相对突出。面对用户向未成年人实施的违法犯罪行为，快手将立即停止其服务，并及时向公安机关上报；酷狗音乐、荔枝平台、喜马拉雅对于不良信息的过滤处理较为及时，技术保护得分较高，但一些平台未强制实名认证，对不良信息的过滤不够及时、有效调研的音视频平台全部设立了技术保护措施，设置了应急处理预案，公开了联系渠道和政策修订。

各平台对未成年人的信息保护均有比较明确的规定，说明了个人信息收集使用规则，如何保护个人信息、个人权利，如何处理儿童的个人信息，政策如何更新，如何联系我们等内容。全部平台均能确保至少以符合业界最低标准的安全措施保护用户信息，使用加密技术手段增强对用户信息保护的防御力度，使用信赖的网络安全保护机制；能够做到合理规划访问控制机制，最大限度保证仅被授权的人员拥有访问个人信息的权利，并对该部分授权人员的访问行为进行审计。其中，腾讯视频和 AcFun 在隐私条款内明确表示已通过国家网络安全等级保护三级认证的测评和备案。大多数平台规定未满 14 周岁的未成年人应当与其监护人共同阅读并确定是否接受其规定的隐私政策或协议。

3. 防沉迷（综合）管理

音视频平台在防沉迷（综合）管理维度平均分为 0.91 分，得分较高，部分平台开发专门工具以完善防沉迷（综合）管理。除搜狐视频的青少年模式不限制用户行为、千千音乐未设置青少年模式外，调研的其他音视频平台均设置了具有实际管理功能的青少年模式，规定在 22 点至次日 6 点内开启该模式将无法使用平台。除搜狐视频该功能仅用于记录观看行为外，其他平台该功能开启后将限制用户观看内容，并限制用户无法在应用内进行直播、购买、打赏等操作，每日限时 40 分钟使用平台，超时后无密码将无法继续使用平台。

随着防沉迷（综合）管理的一系列政策出台，以抖音、快手为代表的音视频平台已逐渐将其提上日程，特别是对于"青少年模式"功能的完善，使相关政策不再"形同虚设"。为更加彻底地保障青少年权益，相关平台出台的管理措施愈发严格，设置了单独功能区用于防沉迷（综合）管理：抖音设置了未成年人保护工具，快手上线了"儿童实名认证通知监护人"功能，在 14 周岁以下未成年人进行实名认证时将告知监护人。

4. 应急投诉和举报机制

音视频平台在应急投诉和举报机制维度平均分为 1 分，相关配套功能健全，但个别平台缺乏高效处理渠道。调研涉及的音视频平台均有设置公开投诉、举报的方式，并且对于网络安全事件都有设置完备的应急预案，预设了相应的补救措施。

各平台都成立了专门的数据安全部门，并制定了妥善的预警机制和应急预案。当用户信息泄露、损毁、丢失时，各平台将立即启动应急预案，在法律法规许可及规定的范围内通过推送通知、邮件等形式及时告知用户事件的基本现况、预计影响和发展可能，阐述已采取或者将采取的处置措施，并为用户提供用于降低安全风险的建议，同时，迅速向有关部门上报处理进展。在必要时，平台也将利用通知公告提示更多用户。其中，快手较为重视有关未成年人的举报机制，设置了单独的"未成年人退款"服务和"未成年人相关举报"功能：在 48 小时内完成对未成年人误充值退款的审核并在 10 日内返还金额，在 24 小时以内处理涉嫌侵犯未成年人权益的举报。相对而言，其余平台对于涉及未成年人的举报事宜缺乏高效沟通渠道，难以及时对用户举报进行处理与反馈。

5. 隐私和个人信息保护制度

在隐私和个人信息保护制度维度平均分为 0.67 分，相关条款和制度较为详细，但游戏链接或广告推送未强行限制。调研的音视频平台对于个人信息的收集、使用、存储保护、处理方式、转移政策等都有详细条款，服从相关规章制度，但是对于游戏链接或广告推送没有强行限制，在这方面的管理都有待加强。酷狗音乐、荔枝平台、喜马拉雅比较明确地规定了实名认证方式。酷狗音乐设置了儿童的身份认证功能，当儿童使用产品或服务中的身份认证功能或服务时，比如注册产品时，需要提供真实身份信息以完成实名认证。荔枝平台则要求开通直播功能时，需要完成实名身份认证。对于部分用户，喜马拉雅会通过产品功能，额外要求未成年人用户上传身份证件号码、身份证和本人同框的照片进行额外的信息收集和认证。调研的所有音视频平台按照法律法规，秉承"最小、必要"原则，收集未成年人信息并保护，严格限制收集未成年人信息的类型，限定对此类信息的使用目的，承诺仅将信息存储于中华人民共和国境内，设置符合法律规定的儿童浏览日志信息的存储时限，并采取严格的数据使用和访问制度，确保仅授权人员可访问，适时对数据和技术进行安全审计，最大限度保护未成年人个人信息安全。

6. 科学普及和宣传教育

多数平台缺乏科普宣传的主动性，该维度的平台平均分为 0.18 分。除了哔哩哔哩、快手、抖音、西瓜视频，调研的大多数音视频平台缺乏进行科普宣传的主动性，没有明确制度、条款提到要积极开展针对未成年人的相关教育性质的活动。抖音、快手和西瓜视频等平台在科学普及和宣传教育方面的行动相对突出。快手设置了"护苗在行动"板块，提供专门教育空间和专项活动；通过"空中课堂"板块提供北京名师同步辅导优质在线课程；明确提出支持用户创作与传播有益于未成年人的作品，如对未成年人网络素养的宣传教育等。抖音和西瓜视频提供了大批有助于提高青少年综合素质的视频作品，涵盖人文或自然知识科普、技能学习等多个分类，致力于优化未成年推荐内容算法，为青少年提供全方位成长支持。

由于公益普惠的科学传播和宣传教育不能为企业带来相应的盈利，大多数音视频平台未能履行媒介对于大众的教育功能，这就需要权威机构采取强制性措施去要求平台履行相关义务。

（二）新闻报道的正负面舆情分析结果

音视频平台在"信息提示"和"技术保护"维度评分欠佳，在"防沉迷（综合）管理"和"科学普及和宣传教育"维度表现较为出色。22个音视频平台六个维度总分为134分，平均得分为6.09分；涉及不同维度的正面新闻共368条，主要指向"时间管理"和"科学普及宣传"；负面新闻共234条，主要指向"不良信息过滤"和"消费管理"。总体而言，音视频平台在"应急投诉和举报机制""隐私和个人信息保护制度"方面表现一般。从具体平台来看，除了咪咕视频、千千音乐没有相关报道，优酷视频、人人视频、全民K歌、西瓜视频、AcFun、芒果TV、酷狗音乐平台综合六个维度的指标的得分为负分，搜狐视频得分为0分，剩余平台得分均为正数分。表现最为突出的分别是得分为47的抖音和得分为26的哔哩哔哩。

媒体的新闻报道体现了社会对于音视频平台在"时间管理"和"科学普及宣传"所作出的努力是较为满意的，说明相关政策的引导起到了成效，平台方逐渐承担起陪伴青少年成长的责任。相比之下，音视频平台亟须在"不良信息过滤"和"消费管理"两方面去改变媒体和公众的"刻板印象"，意味着平台的审核把关措施仍需进一步加强。

三、加强音视频平台未成年人保护的政策建议

音视频平台未成年人保护任重道远。观看音视频内容是未成年人的权利，做好相应的配套保护工作也是社会各界需要承担的法律义务。在媒介化社会，未成年人沉浸在音视频平台的碎片化信息中，低俗化、娱乐化内容侵蚀着未成年人的身心健康。目前，音视频平台的治理工作还未跟上步伐。面对未成年人保护这项系统性工程，社会各方需要一同努力、多管齐下，才能改变现有的乱象。

本文在此提出相关的政策建议，希望通过完善顶层设计来促使音视频平台更好地落实未成年人保护工作。

（一）完善行业规范标准，严格落实法律法规

2019年1月，中国网络视听节目服务协会发布了《网络短视频平台管理规范》，提出平台方要坚持行业自律，履行相关责任。针对当前"青少年模式"存在的一些共性问题，行业内部需要形成自律规范，以弥补现有规定的不足。学者杜骏飞认为，对青少年而言，短视频平台的发展理念应是人本主义，而非资本主义。针对当下音视频行业出现的负面舆情，需要平台方形成行业的自律规范，承担相应的社会责任与担当。行业协会可以牵头制定评价指标，及时发现音视频平台的问题。此外，还可以引入第三方机构，定期考核各平台责任承担情况，形成专业的全方位评价报告，从而敦促各平台改进存在或可能存在的问题。通过凝聚各方努力，为青少年打造健康、舒适、有营养的网络环境。例如，2021年10月，南方都市报、南都大数据研究院面向国内近20家音视频直播平台开展调研，形成了《音视频直播平台未成年人保护创新治理报告（2021）》，挖掘了相关企业在"未保"领域的案例，为音视频平台对于"未保"的探索指明了方向，为行

业自律提供了样板。

面对音视频平台奔涌而出的浪潮，我国政府已出台了一系列未成年人网络保护的相关法律法规，需要平台方去严格落实执行。例如，中共中央网络安全和信息化委员会办公室启动"清朗"专项行动，聚焦消费主义、物质主义、暴力、"审丑"等问题，防止对青少年形成不良影响。此外，最高人民检察院决定自 2021 年 5 月起，在全国检察机关开展"检爱同行·共护未来"未成年人保护法律监督专项行动。[①] 当下，青少年对于国家和民族的认同感为音视频平台的生态治理奠定了良好的基础，政府管理部门和相关音视频平台应设法通过支持头部用户博主的方式来培养青少年的社会责任感，共同营造良好的网络生态空间。[②] 此外，政府机构有必要加大监管力度，倒逼互联网企业落实好人脸识别、实名认证、信息共享等技术，构建起没有纰漏的"青少年模式"。

（二）加强防沉迷（综合）管理，打造"青少年模式"

学者梅尔文·德弗勒和桑德拉·鲍尔-洛基奇于 1976 年提出的媒介依赖理论指出，人们需要依赖媒介来理解和认识社会。[③] 而青少年对于音视频的依赖和沉迷，使其沉浸在碎片化、娱乐化的影音世界，变成传播学意义上的"音视频人"，进一步导致其与现实社会的脱节。因此，"青少年模式"应运而生，利用技术限制使用，成为音视频平台防止未成年人沉溺网络内容的重要措施。2019 年 3 月，在国家网信办指导下，抖音、快手、火山等

---

① 中华人民共和国最高人民检察院. 检爱同行·共护未来 | 以法之名 共护你的未来［EB/OL］.（2021-05-31）. https://www.spp.gov.cn/spp/zdgz/202105/t20210531_519716.shtml.
② 虞鑫, 董玮. 从公众舆论到日常生活：后台化生产与短视频治理的生态变革［J］. 中国编辑, 2022（2）：71-75.
③ 德弗勒, 鲍尔-洛基奇. 大众传播学诸论［M］. 杜力平, 译. 北京：新华出版社, 1990.

短视频平台试点上线"青少年模式"。① 例如,各平台精心挑选了一系列有益于青少年成长与发展的作品,将这些内容投放到青少年用户的推荐页中,同时,对青少年在音视频平台的使用权限进行管理,如无法购买数字专辑和单曲。

青少年模式功能如果不能做到以用户为中心,往往会面临"形同虚设"的问题。对此,平台方应该在功能实行过程中不断调研,通过实践升级管理观念。"青少年模式"不是一种监管的手段,而是要以服务青少年用户为目标。限制使用时间、控制可获得内容只是基本手段,平台更应跳出"限制"思维,主动探索青少年模式的新内容、新形式,让其成为传递知识、培养兴趣的资源阵地。比如,抖音在青少年模式下,深耕科普讲解,云逛博物馆、科技馆等新形式,打造更多青少年喜闻乐见的内容。而且,平台设置应该考虑受众的身心特点和需求,进一步丰富和细化内容池,为青少年提供的内容能够匹配他们的年龄和需求。同时,在现有模式的基础上进一步优化功能设置,提高未成年人身份识别的准确性,增强未成年人保护的有效性。

(三)"科技向善"赋能青少年保护,人机协同把关音视频内容

研究发现,音视频平台的算法存在内容同质化和信息窄化的现象,让青少年陷入"信息茧房"之中。② 学者桑斯坦在《信息乌托邦》中指出,用户通常会根据自身喜好选择自己感兴趣的领域,长期以来,这种选择倾向

---

① 段文娥.短视频平台"青少年模式"存在的问题及对策研究[J].新闻世界,2020(9):29-36.
② 温凤鸣,解学芳.短视频推荐算法的运行逻辑与伦理隐忧:基于行动者网络理论视角[J].西南民族大学学报(人文社会科学版),2022(2):160-169.

会将自身束缚于像蚕茧一般的"茧房"中。[①] 音视频平台的算法基于个性化推送，只推荐用户感兴趣的内容，久而久之，青少年将置身于平台织就的"茧房"之中，逐渐失去对公众议题关注与讨论的兴趣，甚至偏离社会的主流价值观。对此，音视频平台要秉持"科技向善"的理念和价值导向，尽可能地丰富青少年的"媒介菜单"，避免其因深陷"茧房"而成为"单向度的人"。增添公众议题的推送量占比，让青少年用户能够接触到多样化且具有教育意义的内容，让算法真正成为拓展青少年知识结构的工具，促进其全面均衡发展。

此外，目前音视频平台依托技术赋能未成年人保护，实现人机协同把关。大部分平台已建立起未成年人身份识别系统，通过人脸识别、用户画像、行为数据分析等技术手段来定位未成年用户，实施拦截。未成年人内容供给方面，多数平台通过对青少年模式的优化，实现内容的多元化、个性化输送。同时，为避免不良内容影响青少年，平台利用 AI、声纹等智能识别和算法技术加强内容审核。用户的内容一经上传，首先经过图片识别、语音识别等技术过滤，再由人工团队进行复核把关。同时，平台可以优化内容推荐算法，在识别用户未成年人身份后向其推荐适合相应年龄与教育阶段的内容，为其全面发展添砖加瓦。

（四）平台方主动担责，完善青少年隐私信息保护

在青少年隐私信息保护方面，音视频平台需要更加主动地承担责任，设置全方位的保护措施。在"青少年模式"下，平台对未成年人用户的视频发布、私信沟通等功能进行限制，有效预防了未成年用户发布带有个人信息的视频，预防未成年人隐私信息泄露。青少年用户自己在注册该产品前，需要阅读隐私协议与政策，征得家长的同意。但因没有任何年龄验证

[①] 桑斯坦.信息乌托邦：众人如何生产知识［M］.毕竞悦，译.北京：法律出版社，2008.

机制，家长同意未能发挥实质效用，最终仍然只能依靠青少年的自我管理。因此，音视频平台应考虑周全，要求监护人也要进行人脸识别，规定单个监护人绑定青少年用户的上限，对监护关系进行验证，尽可能保障信息的安全和准确。在监护人通知和授权同意过程中，平台将就是否开启青少年模式、是否允许被监护人发布作品并被推送等问题征求监护人同意，保障账号使用过程中的隐私、内容安全，切实保护未成年人权益。目前，有部分未成年人用户会从其他渠道获取账号，或暂时未进行实名认证。这就需要平台方进行针对这类被识别为高度疑似未成年用户的账号，建立较为完备的识别、引导和保护机制，实施对青少年隐私信息的主动保护。

正如《平台时代》一书所提到的，互联网平台具有很强的社会性与公共性。平台越大越要保持中立、公平和道德性。目前，音视频平台已经成为数字经济发展的重要驱动力，并逐渐成为信息化社会的基础设施。因此，平台方对于社会的存有以及发展有着根本性的影响，更要发挥其应有的作用，去履行相应的责任与义务。此外，平台方还要平衡好社会效益与商业利益，鼓励用户生产正能量的内容，最终达到教育大众、正确引导舆论的媒体功能。

（五）践行知识普惠，做好科普和宣传教育

1970年，学者蒂奇诺提出的"知识沟"理论指出，受到社会阶层的影响，经济地位较高者一般能比经济地位低者更快更多地获取到知识。[①] 当下，音视频打破了知识传播的壁垒，削弱了信息差，有望推动信息平权与知识普惠。特别是对于欠发达地区而言，音视频一定程度上填补了原有的知识沟，推动全民科普时代的到来。平台可以通过与专业的科普机构、青少年教育机构开展合作，利用平台的产品与社区优势赋能科普内容，让更多的

---

① TICHENOR P J, DONOHUE G A, OLIEN C N. Mass media flow and differential growth in knowledge [J]. Public opinion quarterly, 1970, 34(2): 159.

青少年用户能通过音视频平台点燃对于科学的热情。同时，平台将通过协助科学家及优质科普号入驻，发起线上科普音视频活动及线下青少年科学教育活动，助力科普事业，共同创造互联网的幸福成长环境。快手联合故宫博物院、人民日报客户端推出线上版寒假"故宫知识课堂"，让青少年濡染中国文化，涵育文化素养。

相较于传统的图文形式，音视频传播知识更加即时，对于知识的呈现更加丰富多元，而且通俗易懂。因此，音视频可以把高深的科学知识，以更加生动形象的方式传递给青少年们。兴趣是最好的老师。生动、有趣、互动性强的音视频内容，削弱了知识获取的"距离感"，更能吸引青少年的学习科学知识的兴趣，为青少年人才培养增添助力。

（六）加强协同，织密企业、家庭、学校、社会四位一体的保护网

在数字经济时代，要以互联网思维重新审视企业、家庭、学校、社会这四大主体在音视频平台治理中的功能和作用。而对于青少年的保护从来都不是单独某一方的责任，而是由企业、家庭、学校、社会组成的全方位青少年保护矩阵。

首先，学校需要加强网络素养教育，从知识理论层面武装青少年的头脑。在西方国家，网络素养教育不光被纳入义务教育课程体系，还被列入政府媒体监管机构的职责范畴。未来，中小学要把网络素养看作一项"主科"。同时，学校要致力于培养学生面对媒体平台信息时的选择、理解、质疑、评估、创造和生产以及思辨的能力，让他们能正确使用媒介，在网络场域中健康成长。

其次，家庭教育也是青少年保护的重要一环。家长要多与孩子进行沟通交流，及时关注青少年对于媒体平台的使用状况，并积极引导青少年健康合理上网。同时，家长也要以身作则，为孩子树立榜样。班杜拉在社会

学习理论中强调，个体行为大多是由观察模仿习得的。[①]一些家长沉迷于各式各样的媒介平台，经常在孩子面前刷手机，这无疑给青少年提供了错误的模仿对象。《2020年全国未成年人互联网使用情况研究报告》显示，57.5%的家长表示对互联网懂得不多，上网主要是看新闻或短视频；还有4.1%的家长表示不会上网；24.7%的家长对互联网存在依赖心理。

最后，企业本身要明确定位，处理好社会公益与商业利益的关系，进一步围绕"防沉迷保障""家校企联动""核心价值观传承"等关键问题进行调整。以设立科普基金、资助科普项目等方式为科学素质建设投入资金。同时，要发挥社会大课堂的育人作用，创建有利于青少年保护的社会环境。对此，要发挥主流媒体的"压舱石"与"定盘星"作用，与音视频平台协同治理，利用其传播力和影响力，增强价值引领和舆论引导，凝聚社会共识、维护社会稳定。同时，丰富音视频平台的内容，改变原有的传播语态，打造风清气正的平台生态。

---

① BANDURA A. Social learning theory [M]. New Jersey：Prentice Hall，1976.

后　记

本报告是北京师范大学新闻传播学院未成年人网络素养研究中心 2021 年、2022 年的研究成果。北京师范大学新闻传播学院未成年人网络素养研究中心由北京师范大学新闻传播学院与腾讯社会研究中心共同发起，致力于积极构建未成年人网络素养教育的生态系统，完善网络素养教育体系，广泛动员社会力量参与，形成政府、高校、行业组织、企业等共同关注和推动未成年人保护工作的新局面，为提升未成年人网络素养、构建未成年人网络素养教育新生态作出积极贡献。

在此，我们特别感谢为本报告提出重要意见和建议的专家学者，感谢北京师范大学新闻传播学院秦月、张恒、周怡帆、王秋懿、韩林珊、张可欣、王美力、刘海、黄可等人在调查研究和报告撰写过程中付出的辛苦。

我们始终认为，互联网平台未成年人保护是一项任重道远的伟大事业。本报告难免存在疏漏之处，权当抛砖引玉，敬请各位专家和读者批评指正，以便更好地改进研究工作。